ADAC Reiseführer

Elsass

Stadtbilder · Burgen · Routen · Kunstwerke · Feste
Ausblicke · Museen · Kirchen · Hotels · Restaurants

Die Top Tipps führen Sie zu den Highlights

von Hans Gercke

Intro

Unterwegs

Strasbourg – eine europäische Metropole 52

Die nördliche Weinstraße – Garten des Elsass 71

Leserforum

Die Meinung unserer Leserinnen und Leser ist wichtig, daher freuen wir uns von Ihnen zu hören. Wenn Ihnen dieser Reiseführer gefällt, wenn Sie Hinweise zu den Inhalten haben – Ergänzungs- und Verbesserungsvorschläge, Tipps und Korrekturen –, dann kontaktieren Sie uns bitte:

Redaktion ADAC Reiseführer
Travel House Media GmbH
Grillparzerstr. 12, 81675 München
adac.reisefuehrer@travel-house-media.de

Elsass Kaleidoskop

Karten und Pläne

Service

Elsass multimedial erleben

Mit Ihrem Smartphone, Tablet-PC oder Computer können Sie viele Sehenswürdigkeiten des Elsass nun auch in bewegten Bildern erleben.

1

Im Buch finden Sie bei ausgewählten Sehenswürdigkeiten QR Codes sowie Internet-Adressen.

Reisefilm: Elsass
QR Code scannen oder dem Link folgen:
www.adac.de/rf0214

2

Öffnen Sie den QR Code-Scanner auf Ihrem Handy und scannen Sie den Code. Gut geeignet sind Apps wie barcoo oder Scanlife.

3

Die meisten Apps schlagen Ihnen nun ein Programm zum Öffnen von Film oder Audio-Feature vor. Das iPhone startet sie automatisch. Am flüssigsten laufen die Filme bei einer WLAN- oder 3G-Verbindung.

4

Sollten Sie kein Smartphone besitzen, dann nutzen Sie bitte die neben dem QR Code stehende Internet-Adresse.

Bitte beachten Sie, dass beim Aufruf der Filme und Audio-Features über das Handy Kosten bei Ihrem Mobilfunkanbieter entstehen können. Im Ausland fallen Roaming-Gebühren an.

Elsass Impressionen

Bezaubernde Kulturlandschaft im Herzen Europas

Wie aus dem Bilderbuch – diese Bemerkung drängt sich beim Betrachten **elsässischer Landschaften** unwillkürlich auf: Sonnige Rebhänge, dunkel bewaldete Bergkuppen, dörfliche Fachwerkidyllen und malerische Burgen machen den Reiz des Elsass aus. Von den **Vogesen** im Westen bis zum **Rhein** im Osten erstreckt sich das Elsass (frz. Alsace) am östlichen Rand Frankreichs. Es grenzt im Norden und Osten an Deutschland, im Süden an die Schweiz. Flächenmäßig ist diese Region,

die aus den Départements **Bas-Rhin** (Unterelsass) im Norden und **Haut-Rhin** (Oberelsass) im Süden besteht, die kleinste auf dem französischen Festland. Jahrhundertelang war das Elsass Zankapfel der Geschichte, und viele verschiedene Herrscher hinterließen ihre Spuren: Kelten, Römer, Alemannen, Deutsche und Franzosen. Die Zeiten der Machtkämpfe und Kriege sind glücklicherweise vorbei, und heutige Besucher treffen in friedlicher Absicht ein. Tatsächlich ist das Elsass ein beliebtes Reiseziel, denn hier kommen Kunstbegeisterte und Naturliebhaber, Weinkenner und Feinschmecker gleichermaßen auf ihre Kosten.

Ein Streifzug durch die Städte

Liebevoll-kleinstädtisch und gleichzeitig kosmopolitisch gibt sich **Straßburg**, die Hauptstadt des Elsass. Politische Bedeutung hat Straßburg auch überregional, als Sitz des Europarates und – neben Brüssel – als Tagungsort des Europäischen Parlaments. Doch noch ein Blick zurück ins 18. Jh., denn in den Jahren 1770/71 war in Straßburg der Dichterfürst

Goethe als Student zugegen. Große Bewunderung zollte er insbesondere dem *Straßburger Münster*, einem imposanten Kirchenbau der Gotik mit fein ziselierter und reich dekorierter Sandsteinfassade, herrlich bemalten Fenstern und einer kostbaren astronomischen Uhr im Inneren. Durch mehrmaliges Besteigen des Kirchenturmes wusste Goethe sich sogar von seiner Höhenangst zu kurieren, wie er in ›Dichtung und Wahrheit‹ berichtet.

Heutige Besucher flanieren nach dem Münsterbesuch gerne durch die verwinkelten Gassen von ›La Petite France‹ mit seinen anmutigen Fachwerkhäusern. Auch Kunstwerke von Rang gibt es zu betrachten, denn von den über 250 Mu-

Links: *Eine süße Verführung ist der elsässische Kugelhopf, ein Napfkuchen aus Hefeteig*
Oben: *Ein Hauch von Nostalgie umweht das historische Karussell in Straßburgs Altstadt*
Unten: *Ribeauvillé, eingebettet in Rebhänge, mit den Burgen der Grafen von Rappoltstein*

seen des Elsass sind zahlreiche in Straßburg beheimatet. Der Bogen spannt sich hier von erstklassiger Mittelalterkunst im *Musée de l'Œuvre Notre-Dame* bis zu den bedeutendsten Kunstströmungen des 19.–21. Jh., welche das *Musée d'Art Moderne et Contemporain* mit glänzenden Exponaten dokumentiert.

Verwinkelte Gassen und hohe Kunst hat auch **Colmar**, die drittgrößte Stadt des Elsass, zu bieten: Viel besucht ist das Viertel ›Petite Venise‹, ein Inbegriff Colmarer Fachwerkromantik. Ehrfurchtsvoll verweilen Betrachter im *Musée Unterlinden* vor Grünewalds furiosem ›Isenheimer Altar‹ (um 1515) oder bewundern in der ehrwürdigen *Dominikanerkirche* aus dem 13. Jh. Schongauers anmutig-zarte ›Madonna im Rosenhag‹ (1473).

Ganz anders kommt **Mulhouse** daher, die mit rund 111 000 Einwohnern zweitgrößte elsässische Stadt nach Straßburg. Als Industriestandort trumpft sie auch

mit hochkarätigen Technikmuseen auf. Als Glanzstück unter ihnen gilt die spektakuläre *Cité de l'Automobile*, das größte Automobilmuseum der Welt.

Von trutzigen Burgen und Abteien

Von kämpferischen Zeiten künden die gewaltigen Burgen und Burgruinen, die romantisch und pittoresk auf den grünen Hügelkuppen des Elsass thronen. Absoluter Touristenmagnet ist die **Haut-Koenigsbourg** bei Sélestat, eine Ritterburg par excellence. Mit ihren gewaltigen Ausmaßen und der so malerischen Aussichtslage auf einem abgeflachten Kegelberg beeindruckt sie Heerscharen von Besuchern. Dass ihre heutige Form tatsächlich der Burgenfantasie des Preußenkaisers Wilhelm II. entsprang und ein Ergebnis von Baumaßnahmen des 19. Jh. ist, tut der Begeisterung dabei wenig Abbruch. Stärker dem Mittelalter verhaftet sind die zahlreichen Burgruinen, etwa das **Château de Fleckenstein** in den Nordvogesen oder auch die **Ortenburg** bei Scherwiller. Gegen Ende des 17. Jh. ließ Festungsbaumeister Vauban auf Geheiß

Ludwigs XIV. sogar eine ganze Stadt als Festung errichten: Die auf sternförmigem Grundriss angelegte Planstadt **Neuf-Brisach** zählt heute zusammen mit anderen Fortifikationen Vaubans zum UNESCO-Weltkulturerbe.

Imposante Sakralbauten zeugen vom Reichtum der hiesigen Klöster im Mittelalter. So sind insbesondere die Abteikirche von **Neuwiller-lès-Saverne**, die Klosterkirche von **Marmoutier** und die Abtei **Murbach** wichtige Stationen an der *Straße der Romanik*, die von Wissembourg im Norden bis Feldbach im Süden ausgewiesen ist. Kleine und große Juwelen ro-

Links oben: *Musikanten sind unerlässlich bei mittelalterlichen Festspielen*
Links Mitte: *Das Elsass ist bekannt für seine Weißweine, z. B. aus Auxerrois-Trauben*
Links unten: *Majestätisch überragt das Straßburger Münster die Häuser der Altstadt*
Oben: *Im malerischen Winzerort Éguisheim legen Besucher gerne eine Rast ein*
Rechts: *Besonders originell ist dieses Restaurantschild in Riquewihr*

manischer Baukunst, zwischen dem 11. und 13. Jh. entstanden, sind hier wie kostbare Perlen an der Schnur aufgereiht.

Naturerlebnis und Freizeitspaß

Erholung und Erbauung finden Urlauber vor allem in den beiden Naturparks des Elsass, dem **Parc naturel régional des Vosges de Nord** und dem **Parc naturel régional des Ballons des Vosges**, der sich über die Grenzen des Elsass hinaus bis nach Lothringen und Franche-Comté erstreckt. Bizarr geben sich die Sandsteinformationen der Nordvogesen, sie sind nicht selten von einer Burgruine gekrönt. Im Naturpark der Vogesenbelchen befindet sich die höchste Erhebung der Region, der Grand Ballon (1424 m). Beliebt sind die Naturparks bei Kletterern und Wanderern, wobei die Wanderleidenschaft im Elsass eine lange Tradition hat. Bereits im Jahr 1872 wurde der Wanderverein Vogesenclub gegründet. Er sorgt für die Instandhaltung des ausgedehnten **Wanderwegenetzes**, das die beiden Schutzgebiete durchzieht. Die Vogesen lassen sich auch mit dem Mountainbike bezwingen, etwas gemächlicher ›erradelt‹ man sich das Elsass auf einigen Radwanderstrecken. Im Winter sorgen Lifte und Loipen auf den Vogesenhöhen für sportliche Herausforderungen. Wer Beschaulichkeit liebt, durchstreift die Landschaft sanft auf Schneeschuhen.

Gastfreundliches Elsass

Über weite Strecken identisch mit der Romanikroute ist die **Weinstraße**. Schon seit der Römerzeit wird im Elsass Wein angebaut, vor allem Weißwein: Riesling, Pinot Blanc, Pinot Gris, Muscat d'Alsace. Stimmungsvolle Winzerstädtchen wie **Ribeauvillé** mit seinen drei Burgen aus dem 12. Jh. und das als ›elsässisches Rothenburg‹ titulierte **Riquewihr** locken zahlreiche Besucher an. Zum Weingenuss gehört natürlich auch die gute Küche: Von der zünftigen Winstub (Weinstube),

die einfache Gerichte anbietet, über den rustikalen Landgasthof mit traditioneller, gepflegter Küche bis hin zum edlen Sternerestaurant mit fantasievollen Kreationen bleibt im Elsass kein kulinarischer Wunsch unerfüllt.

Und natürlich versteht man es im Elsass auch zu feiern. Neben Wein-, Sauerkraut-, Blumen- und Käsefesten werden auch historische oder religiöse Feste veranstaltet, etwa im Juni die auf ein Wunder des 12. Jh. zurückgehende **Tannenverbrennung** in Thann oder im September der **Pfifferdaj** in Ribeauvillé, ein buntes, riesiges Mittelalterfest.

Reisefilm: Elsass
QR Code scannen [s.S.5] oder dem Link folgen: www.adac.de/rfo214

Links: *Erhebender Anblick: das fein gegliederte Hauptschiff des Straßburger Münsters*
Oben: *Sanfte Hügelkuppen im regionalen Naturpark Ballons des Vosges*
Mitte: *Hübsche Parade alter Kaffeekannen in einem Colmarer Café-Schaufenster*
Unten: *Das tut gut – kleine Erfrischung nach ausgiebigem Shopping in Straßburg*

Geschichte, Kunst, Kultur im Überblick

Von Deutschen und Franzosen, Krieg und Frieden – der Weg nach Europa

Vor- und Frühgeschichte

ab 20 000 v. Chr. In der Altsteinzeit durchstreifen nomadisierende Jäger und Sammler die Gegend zwischen Rhein und Gebirge.

ab 5500 v. Chr. In der Jüngeren Steinzeit (›Neolithische Revolution‹) siedeln Bauern in der fruchtbaren Rheinebene und an den Hängen des Gebirges.

ab 2500 v. Chr. Während der Bronze- und Eisenzeit entstehen Befestigungsanlagen und Fliehburgen, wie die ›Heidenmauer‹ auf dem Odilienberg.

ab 1000 v. Chr. Keltische Stämme siedeln sich am Oberrhein an.

ab 4. Jh. v. Chr. Germanen folgen ihnen und bedrohen das Römische Reich.

Römerzeit und frühes Mittelalter

58 v. Chr. Caesar besiegt als ›Schutzherr der Kelten‹ den suevischen Heerführer Ariovist zwischen Altkirch und Thann, das linksrheinische Gebiet gehört fortan zum Römischen Reich.

52 v. Chr. Julius Caesar verleibt Lothringen dem Römischen Reich ein.

84 n. Chr. Bau des Limes zur Sicherung der rechtsrheinischen Eroberungen gegen Übergriffe der Germanen.

3. Jh. Beginn des Weinbaus am Oberrhein.

260 Der Limes wird aufgegeben, die Grenze an den Rhein zurückgenommen. Straßburg, das römische Argentorate, gewinnt damit vorübergehend eine bedeutende strategische Position.

um 300 In der Völkerwanderungszeit dringen Germanenstämme ins Elsass ein, verwüsten das Land, gründen aber auch Siedlungen. Der Name ›Elsass‹ entsteht: ›Alisatz‹ ist das Land, in dem ›die anderen sitzen‹, aus germanischer Sicht also das Land mit dem Hauptfluss ›Ill‹ jenseits des Rheins.

343 Erste Erwähnung eines Straßburger Bischofs (Amandus).

357 Julian Apostata, nach der Reichsteilung Caesar der westlichen Provinzen, besiegt noch einmal die Germanen. In der Schlacht bei Straßburg schlägt er die Alemannen in die Flucht, deren König Chnodomar ergibt sich.

um 400 Die Römer sind den zunehmenden Übergriffen der Germanen nicht länger gewachsen, geben die Rheingrenze auf und ziehen sich hinter die Vogesen zurück.

496 Der Frankenkönig Chlodwig besiegt die Alemannen und bezieht das Elsass als Grenzmark in sein nun von der Atlantikküste bis zu Main und Donau reichendes Land ein, das er von Paris aus regiert.

Feierliche Taufe des Merowinger Frankenkönigs Chlodwig I. (466–511) im Jahr 498

Im Vertrag von Verdun wird 843 das Erbe Ludwigs des Frommen unter seinen drei Söhnen aufgeteilt

498 Chlodwig lässt sich taufen – die Christianisierung des Elsass beginnt.

610 Der Ire Columban gründet in den burgundischen Vogesen das Kloster Luxeuil. Von hier aus wird die Missionierung des Oberrheins vorangetrieben.

683 Die merowingischen Könige setzen Herzöge zur Verwaltung ihres Reiches ein. Erster Herzog wird Eticho, der Vater der hl. Odilia. Nach seinem Tod wird das Land in zwei Grafschaften geteilt, Nordgau und Sund- (= Süd)gau.

800 Kaiserkrönung Karls des Großen.

817 Nach den Merowingern treten deren Hausmeier, die Karolinger, das Erbe des Frankenreichs an. Karl der Große weitet es über die Rheingrenze bis zur Elbe hin aus. Sein Sohn Ludwig der Fromme teilt es in drei Teile, wobei dessen ältestem Sohn Lothar das Elsass zugesprochen wird.

833 Ludwigs Söhne zwingen nach dem Kampf auf dem ›Lügenfeld‹ bei Colmar ihren Vater, der die verabredete Teilung zugunsten seines Sohnes aus zweiter Ehe, Karls des Kahlen, rückgängig gemacht hatte, zum Rücktritt.

842 Karl und Ludwig verbünden sich gegen Lothar und teilen im Vertrag von Straßburg das Reich unter sich – das erste Dokument in (Alt-)Französisch und (Alt-)Hochdeutsch (›Straßburger Eide‹).

843 Bereits ein Jahr später wird im Vertrag von Verdun auch diese Teilung wieder rückgängig gemacht: Karl erhält das Westreich ›Neustrien‹, das spätere Frankreich, Ludwig das Ostreich ›Austrien‹, Lothar das nach ihm benannte Zwischenreich (›Lothringen‹) und die Kaiserwürde.

870 Im Vertrag von Meersen wird das Zwischenreich nach Lothars Tod zwischen Karl und Ludwig aufgeteilt. Ludwig bekommt das Elsass, das fortan zum deutschen Reich gehört und nach dem Wechsel der Dynastie in Deutschland für 700 Jahre völlig von Frankreich getrennt bleibt.

Das deutsche Elsass

925 König Heinrich I. vereinigt Elsass und Alemannien zum Herzogtum Schwaben.

1079 Unter den Hohenstaufern wird das Elsass Kernland der kaiserlichen Hausmacht.

1262 Schlacht bei Oberhausbergen: Die Emanzipation der Städte kann einen ersten Erfolg verbuchen im Sieg der Stadt Straßburg über ihren Bischof. Fortan entwickelt sie sich als freie Reichsstadt zu einem bedeutenden wirtschaftlichen und geistigen Zentrum.

1268 Nach dem Untergang der Staufer (1238) zerfällt das Elsass in zahlreiche Herrschaftsgebiete, wobei die Bedeutung der freien Reichsstädte ständig wächst.

1354 Colmar, Mülhausen, Münster, Kaysersberg, Oberehnheim, Rosheim, Schlettstadt, Türkheim, Weißenburg schließen sich unter der Führung von Hagenau zur Verteidigung ihrer Reichsunmittelbarkeit zum Zehnstädtebund Dekapolis zusammen.

1439 Die Armagnaken, berüchtigte Söldnerheere aus Südfrankreich (benannt nach ihrem Anführer, dem Grafen von Armagnac), verwüsten das Land.

1469 Die Habsburger verpfänden die Landgrafschaft Oberelsass an Herzog Karl den Kühnen von Burgund.

1477 Herzog Karl der Kühne von Burgund stirbt in der Schlacht von Nancy. Befreiung Lothringens und des Elsass von burgundischer Herrschaft.

1510 Der 1445 in Schaffhausen geborene, wortgewaltige Münsterprediger Johann Geiler von Kaysersberg stirbt in Straßburg.

1512–15 Matthias Grünewald (um 1489 bis um 1528) malt seinen berühmten Isenheimer Altar.

1521 Vor allem in den Reichsstädten setzt sich die Reformation durch.

1525 Die aufständischen Bauern werden bei Zabern vom Herzog von Lothringen besiegt.

1568 Die Gegenreformation entfaltet von Molsheim aus ihre Aktivitäten.

1618–48 Im Dreißigjährigen Krieg hat das Elsass vor allem unter den schwedischen Heeren zu leiden.

Im Ersten Weltkrieg kontrollieren deutsche Wachen Einwohner eines Vogesendorfes

Hungersnöte und Pestepidemien tun ein Übriges, um die Bevölkerung zu dezimieren.

Das französische Elsass

1648 Im Westfälischen Frieden werden weite Teile des Elsass – nicht aber z. B. Straßburg und Mülhausen – Frankreich zugesprochen.
1681 Auch Straßburg fällt an Frankreich.
1734 Andreas Silbermann, 1678 in Kleinbobritzsch im Erzgebirge geboren, Begründer der bedeutenden elsässischen Orgelbauer-Dynastie, stirbt in Straßburg.
1766 Das Herzogtum Oberlothringen kommt zu Frankreich, behält aber Sitz und Stimme im deutschen Immerwährenden Reichstag.
1789 Die Französische Revolution erstrebt die komplette Eingliederung des Elsass in den französischen Nationalstaat. Kulturell ergibt sich ein Bruch: Der französisch orientierten Oberschicht stehen die alemannisch geprägte Mittel- und Unterschicht gegenüber.

Konflikt und Versöhnung

1870/71 Im Deutsch-Französischen Krieg kommt das Elsass als Militärverwaltung, später als Teil des ›Reichslandes Elsass-Lothringen‹ zum Deutschen Reich. Der versprochene Status eines Bundeslandes wird dem Elsass nicht gewährt. Dies und die ungeschickte Germanisierungspolitik der Deutschen stößt auf Widerstand in der Bevölkerung.
1875 Albert Schweitzer, Theologe, Musiker, Musikwissenschaftler, Arzt und Philanthrop, wird in Kaysersberg geboren.
1919 Nach blutigen Kämpfen im Ersten Weltkrieg kehrt das Elsass im Versailler Vertrag wieder zu Frankreich zurück. Die rigorose Unterdrückung landeseigener Traditionen setzt sich nun unter umgekehrten Vorzeichen fort. Planung der Maginot-Linie.
1931 Der heute in Irland lebende Schriftsteller und Karikaturist Tomi Ungerer wird in Straßburg geboren.
1940–45 Im Zweiten Weltkrieg besetzen deutsche Truppen Elsass-Lothringen und unterstellen es dem Gauleiter und Reichsstatthalter von Baden.
1940 Der Journalist und Schriftsteller René Schickele (*1883), ein Vorkämpfer der kulturellen Annäherung von Frankreich und Deutsch-

Der an sich waldreiche Hartmannsweilerkopf in den Vogesen war im Ersten Weltkrieg besonders hart umkämpft

Tomi Ungerer, Kinderbuchautor und Zeichner

Hans Arp, Katholik mit Dada im Sinn

land, stirbt in der südfranzösischen Emigration.

1945 Elsass-Lothringen kommt wieder zu Frankreich, einzige Amtssprache ist Französisch.

1949 Straßburg wird Sitz des Europarats und bald darauf auch Tagungsort des Europäischen Parlaments.

1966 Der 1886 in Straßburg geborene Maler, Schriftsteller und Bildhauer Hans Arp, Mitbegründer der Dada-Bewegung, stirbt in Basel.

1972 An elsässischen Schulen wird auf fakultativer Basis die Zweisprachigkeit eingeführt. Initiativen zur Förderung elsässischen Volkstums, Dialektdichter und Liedermacher ›leben auf‹.

1973 Im Zuge der Dezentralisierung wird die ›Région Alsace‹ geschaffen.

1976 Das Elsass erhält kulturelle Autonomie. Auf regionaler Ebene entstehen länderübergreifende kulturelle und wirtschaftliche Arbeitsgemeinschaften.

1996 In Straßburg zieht der im Jahr 1959 gegründete Europäische Hof der Menschenrechte in ein neues, größeres Gebäude um.

1998 Das Musée d'Art Moderne et Contemporain in Straßburg wird eröffnet.

1999 Eröffnung des neuen Europäischen Parlaments in Straßburg.

2004 Im Juni verabschiedet der Europarat die Europäische Verfassung.

2005 Im Januar billigt das Europäische Parlament den Vertrag über eine Verfassung für Europa. Doch nicht alle Mitgliedstaaten ratifizieren ihn, sodass die Verfassung nicht in Kraft tritt.

2007 In Straßburg wird das Musée Tomi Ungerer in der Villa Greiner eröffnet.

2008 In Erstein bei Straßburg öffnet im Januar das Musée Würth seine Pforten.

2012 Bei der Präsidentschaftswahl gewinnt der Sozialist Hollande.

2014 Eröffnung eines Luft- und Wasser-Themenparks in Ungersheim zwischen Mulhouse und Colmar, der dem Helden von Antoine de Saint-Exupérys Roman ›Der Kleine Prinz‹ gewidmet ist.

2016 Anfang des Jahres greift Hollandes Gebietsreform, aus den 22 Regionen in Frankreich werden 13. Elsass gehört nun mit Lothringen und Champagne-Ardenne der Region Grand Est an.

Der moderne Glasbau des Europäischen Parlaments am Ufer der Ill in Straßburg

Unterwegs

Im Elsass lohnt es sich, genau hinzusehen. Der Zauber der Region steckt oft im Detail – wie hier an einer farbenfrohen Fassade in Ribeauvillé

Naturpark der Nordvogesen – Land der Burgen und Schlösser

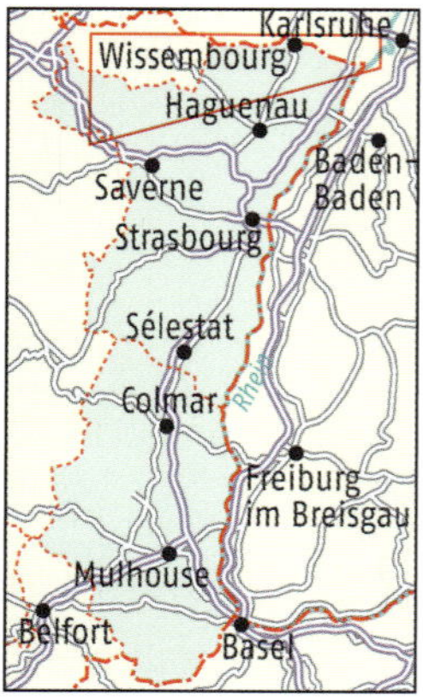

Der Weg von Norden führt über die Pfälzische Weinstraße zur alten Klosterstadt Weißenburg, heute **Wissembourg**. Von Karlsruhe hingegen führt die Straße nach **Lauterbourg**, durch die Auen des Bienwaldes.

Westlich von Wissembourg beginnt das Gebiet des 1976 eingerichteten **Parc naturel régional des Vosges du Nord**, des Naturparks Nordvogesen. Bis nach Lothringen dehnt er sich mit gut 120 000 ha Fläche aus und geht im Norden nahtlos über in den deutschen Naturpark des Pfälzer Waldes. Im Süden markiert die Autobahn A4 unübersehbar sein Ende. Dazwischen erstrecken sich waldreiche Täler mit malerischen Dörfern und teils sanften, teils schroffen Höhen. Die stark erodierten **Sandsteinfelsen** der Nordvogesen erstaunen durch ihre bizarren Formen, die nicht selten von romantischen Überresten einer Burg oder eines Schlosses bekrönt werden.

1 Lauterbourg
Lauterburg

Blumengeschmücktes ›Tor nach Frankreich‹.

Das Städtchen an der Lauter empfängt den Reisenden mit farbenfrohem Blumenschmuck. ›*Ville fleurie*‹ nennt es sich stolz und ›*Porte de France*‹. In der Tat hat sich das repräsentative **Landauer Tor** von 1706 erhalten. Ansonsten steht von den ehem. Stadtbefestigungen nur noch der mittelalterliche **Metzgerturm**. Zweisprachige Schilder erzählen ausführlich von der Geschichte des Ortes seit der Römerzeit. Im liebevoll restaurierten Ortskern sind hübsche **Fachwerkhäuser** zu bewundern und adrette Bauten aus dem 18. Jh., etwa das **Rathaus** von 1731 oder die katholische **Dreifaltigkeitskirche**. Ihr Chor ist spätgotisch, ansonsten stammt sie von 1716 wie auch das ehem. **Palais** des Bischofs von Speyer, das unter Verwendung älterer Teile erbaut wurde und ein schönes Renaissanceportal besitzt.

Ruhig und friedlich liegt Wissembourg, hier mit St. Peter und Paul, am Flüsschen Lauter

i Praktische Hinweise

Information

Office de Tourisme, Hôtel de Ville, 21, rue de la Ière Armeé, Lauterbourg, Tel. 03 88 94 66 10, lauterbourg@tourisme-alsace.info

Restaurant

Au Vieux Moulin, 5A, rue du Moulin, Lauterbourg, Tel. 03 88 94 60 29, www.au-vieux-moulin.fr. Das in malerischer Umgebung gelegene Restaurant bietet hervorragende elsässische Küche. Spezialität: Flammkuchen (Mo/Di geschl.).

2 Altenstadt

Römisches und romanisches Erbe.

Unmittelbar östlich vor Weißenburg auf der *Route Romane d'Alsace* lohnt ein gut ausgeschilderter, kurzer Abstecher nach Altenstadt. Ein gallo-römischer **Viergötterstein** (heute im Musée Westercamp in Wissembourg) deutet an, dass der Ort vorchristlichen Ursprungs ist.

Sehenswert ist hier die mittelalterliche **Kirche St. Ulrich**. Kunstgeschichtlich sehr bedeutsam sind ihr dreischiffiges basilikales Langhaus aus dem 11. Jh., das Portal mit ornamentiertem Sturz und der im 12. Jh. erhöhte Turm mit seiner tonnengewölbten Vorhalle. Hauptapsis und Sakristei, Fenster und Holzdecke sind jüngeren Datums.

Man beachte die gerade in ihrer rustikalen Unbeholfenheit beeindruckende gotische Kapelle im linken Querschiff (13. Jh.), aber auch das Netzgewölbe im Vierungsjoch mit seinen gemalten Evangelistenfiguren aus dem 16. Jh.

Die Orgel entstand 1764 in der Werkstatt des pfälzischen Orgelbaumeisters Johann Carl Baumann.

i Praktische Hinweise

Restaurant

Rôtisserie Belle-Vue, 1, rue Principale, Altenstadt, Tel. 03 88 94 02 30, www.bellevue-wiss.fr. Schönes Gartenlokal mit empfehlenswerter regionaltypischer Küche (So abends und Mo/Di geschl.).

3 Wissembourg
Weißenburg

TOP TIPP *Altehrwürdige Stadt der gelehrten Mönche.*

Weißenburgs geordnetes Stadtbild mit seiner alles beherrschenden ehemaligen Klosterkirche hat viel von jener Schönheit bewahrt, die Merian in seinem Stich von 1663 festgehalten hat.

Geschichte Weißenburgs Anfänge gehen auf die Gründung einer Benediktinerabtei am Ufer der Lauter um 660 zurück, die sich im Mittelalter zu einem bedeutenden Zentrum der Gelehrsamkeit entwickelte. Im 9. Jh. verfasste hier der Mönch Otfried seine Evangelienharmonie, eine dichterisch ausgeschmückte Zusammenfassung und Nacherzählung der Evangelien, die zu den bedeutendsten Denkmälern der althochdeutschen Sprache zählt. 957 schloss sich der Konvent der Reform von Gorze an.

Die 1178 erstmals erwähnte Siedlung entwickelte sich östlich und südlich des Klosters, vier Burgen sicherten sie von den umliegenden Höhen aus. Im 14. Jh. wurde die freie Reichsstadt der Kurpfalz einverleibt, behielt aber wichtige Freiheiten. Nach dem Beitritt zur Dekapolis 1354 kam es zu Konflikten: 1469 wurde die Stadt von den Pfälzern belagert, 1525 von Kurpfalz und Kurtrier unterworfen. Die Abtei, bereits 1524 in ein Kollegiatsstift umgewandelt, unterstand fortan dem Bischof von Speyer.

Im Westfälischen Frieden 1648 wurde die Stadt Frankreich zugesprochen und gehörte im 18. Jh. vorübergehend sogar zu Österreich. Sowohl 1870 als auch 1944 war Weißenburg in heftige Kämpfe verwickelt. Nachdem die Alliierten die Stadt eigentlich schon befreit hatten, wurde die Stadt nochmals von deutschen Truppen besetzt und daraufhin von den Amerikanern beschossen.

Besichtigung Die 1248 geweihte, frühere Abteikirche **St-Pierre-et-St-Paul** ist im Wesentlichen ein Bauwerk im gotischen Stil. Sie wurde als Pfeilerbasilika mit Querschiff und achteckigem Vierungsturm ausgeführt. Vom Vorgängerbau aus dem 11. Jh. blieben der viereckige Westturm und eine Kapelle, die vom Kreuzgang aus zugänglich ist, erhalten.

Ursprünglich war die Kirche wohl vollständig ausgemalt, Reste haben sich er-

Erhabene Heiterkeit strahlt der unvollendete gotische Kreuzgang von St-Pierre-et-St-Paul aus

Das malerische Altstadtviertel du Bruch in Wissembourg hat einen ganz besonderen Charme

halten. Bemerkenswert sind vor allem das 11 m hohe Wandbild des *hl. Christophorus* im Querschiff, außerdem sehr schöne Farbglasfenster und die anmutige *Madonna* (15. Jh.), ein spätgotisches Heiliges Grab mit kostbarer Zierarchitektur im südlichen Seitenschiff sowie die 2010–2012 restaurierte Orgel von Louis Dubois von 1766. Außerdem sollte man den nie vollendeten *Kreuzgang* im Norden der Kirche besuchen.

Eine zweite Kirche, **St-Jean**, verdient ebenfalls einen Besuch. Vierung und Turm sind noch romanisch, alles andere entstand in spätgotischer Zeit. Auch hier sind Reste von *Wandmalereien* (15. Jh.) zu bewundern, außerdem eine schöne, um 1600 entstandene Kanzel sowie eine von Konrad Mühleisen 1959–61 erbaute *Orgel*, bei deren Bau Teile der im Krieg zerstörten Silbermann-Orgel des 18. Jh. verwendet wurden. Die qualitätvollen Fenster (1983) schuf Gérard Lardeur aus Paris.

St-Jean war die ursprüngliche Pfarrkirche der Stadt und dient seit 1522 mit Unterbrechungen dem evangelischen Bekenntnis. 1725 wurde in St-Jean die *Hochzeit* des erst 15-jährigen Ludwigs XV. von Frankreich mit Maria Leszczynska proklamiert. Maria war die Tochter des entthronten polnischen Königs Stanislaus, der 1720–25 im ehem. **Hôtel Weber**, dem ›Alten Hospital‹ in der Rue Stanislas, wohnte. Das um 1700 erbaute Gebäude steht gegenüber der **Zehntscheune** von 1584.

In Wissembourg gibt es noch viele reizende Häuser und Gassen zu entdecken. Stimmungsvoll ist vor allem das **Quartier du Bruch** (*s'Bruch* = Sumpf) im Westen, die alte Vorstadt der Hirten und Winzer in der Nähe der Klostermauern und der Wallanlagen der Stadtbefestigung.

Die wichtigsten Bauwerke stammen aus zwei denkbar unterschiedlichen Epochen: Zum einen aus dem 15./16. Jh., wie das an der ›Salzbrücke‹ über der Lauter gelegene ehem. **Salzhaus** mit seinem mächtigen Speicherdach, zum anderen aus dem ›französischen‹ 18. Jh., wie das **Rathaus** (1741–52) oder das ehem. *Dekaneigebäude* hinter der Klosterkirche (1784), seit 1825 Sitz der *Sous-Préfecture* des Départements Bas-Rhin.

Das spätgotische Relief an der Zehntscheune zeigt den Benediktinermönch Otfried

Über die Wechselbäder der Geschichte und den Alltag in Weißenburgs Vergangenheit informiert anhand von Möbeln, Trachten, Waffen, Lithografien sowie römischen Ausgrabungsfunden das leider seit Jahren geschlossene **Musée Westercamp** (3, rue du Musée, Tel. 03 88 54 28 14). Das restaurierungsbedürftige Fachwerkgebäude mit seinem herrlichem Schnitzwerk wurde 1599 als Zunfthaus erbaut.

TOP TIPP Wissembourg ist die nördlichste Stadt an der elsässischen **Route Romane** (www.voix-romane.com), die bis Feldbach führt. Informationen und Prospekte über diese ›Straße der Romanik‹, die elsässische Orte mit bedeutenden Bauten und Kunstwerken der romanischen Epoche erschließt, sind erhältlich beim Comité Régional du Tourisme d'Alsace (Tel. 03 89 24 73 50, www.tourisme-alsace.com).

Praktische Hinweise

Information

Office de Tourisme, 11, place de la République, Wissembourg, Tel. 03 88 94 10 11, www.ot-wissembourg.fr

Hotels

Hostellerie au Cygne, 3, rue du Sel, Wissembourg, Tel. 03 88 94 00 16, www.hostellerie-cygne.com. Gut geführtes, zentrales Hotel mit Flair, schönem Garten und guter Küche (Mi geschl.).

Hotel d'Alsace, 16, rue Vauban, Wissembourg, Tel. 03 88 94 98 43, www.hotel-alsace.fr. Preisgünstiges Hotel in Bahnhofsnähe.

Restaurant

L'Ange, 2, rue de la République, Wissembourg, Tel. 03 88 94 12 11, www.restaurant-ange.com. Malerisch an der Lauter gelegenes historisches Lokal mit Garten (Mo/Di geschl.).

4 Lembach

Fachwerkidylle neben Erinnerungen an einen fürchterlichen Krieg.

Wer der landschaftlich reizvollen D3 von Wissembourg nach Westen folgt, kann sich in **Climbach** die verwunschenen Ruinen einer **Einsiedelei** ansehen, deren Bogen nicht, wie die Beschriftung behauptet, aus dem 12., sondern aus dem 14. Jh. stammt. In Climbach wie im etwas weiter westlichen Lembach gibt es prächtige **Fachwerkhäuser** zu sehen.

Das geschäftige Lembach bietet sich für eine **gastronomische Ruhepause** an. Das heute rund 1800 Einwohner zählende Dorf war schon in der Römerzeit ein ›vicus‹, ein ›Flecken‹ (vgl. ›Fleckenstein‹) an alten Handelsstraßen. Das römische Straßenkreuz gibt es nach wie vor und man merkt dem einst mächtigen Ort auch heute noch etwas von seiner früheren Bedeutung an, auch wenn er seit dem Hochmittelalter vom aufblühenden Weißenburg mehr und mehr in den Schatten gedrängt wurde.

Die evangelische **Kirche** von Lembach rühmt sich eines Portals aus dem 13. Jh. und vor allem einer bemerkenswerten steinernen *Kanzel*. Sie ist mitsamt dem sie stützenden Baum aus einem einzigen Stück Vogesen-Sandstein gehauen.

Bekannter aber ist Lembach als Ausgangspunkt zu dem nahe gelegenen **Four à Chaux** (www.lignemaginot.fr, Führungen Mai–Sept. tgl. 10, 13.30, 15, 16.30 Uhr, Ende März–April und Okt. tgl. 13.30 und 15 Uhr, Nov.–Ende März Sa/So 14.30 Uhr; Achtung: Innentemperatur 13 °C). Dieses etwa 1 km entfernt an der D27 in Richtung Woerth gelegene, gut erhaltene Bunkergelände namens ›Kalkofen‹ mit sechs Kampfblöcken war im Zweiten Weltkrieg ein Teil der Maginot-Linie.

Praktische Hinweise

Information

Office de Tourisme Sauer-Pechelbronn, 1, rue de l'Obermatt, Durrenbach, Tel. 03 88 90 77 50, www.tourisme-nordalsace.fr

Office de Tourisme, 2, route de Bitche, Lembach, Tel. 03 88 94 43 16, www.ot-lembach.com

Hotel

Au Heimbach, 15, route de Wissembourg, Lembach, Tel. 03 88 94 43 46, www.hotel-au-heimbach.fr. Charmantes familiäres Hotel mit 16 Zimmern und 2 Suiten.

Restaurant

TOP TIPP **Auberge du Cheval Blanc**, 4, rue de Wissembourg, Lembach, Tel. 03 88 94 41 86, www.au-cheval-blanc.fr. Eines der besten Restaurants weit und breit mit entsprechenden Preisen, stimmungsvoll eingerichtet in einer ehem. Poststation (Mo, Di und Fr mittag geschl.).

Trutzig ragen die Überreste von Burg Fleckenstein in den blauen Elsässer Himmel

5 Château de Fleckenstein

TOP TIPP *Wuchtiges Felsenschloss im Dreiländereck.*

Wo der Steinbach in die Sauer mündet, liegt ein beliebtes *Ausflugsziel*, ein künstlich im Wald angelegter Weiher. Man kann hier einkehren, baden oder Boot fahren, der Blick aber öffnet sich weit ins Tal der Sauer hinauf zu einem mächtig aufragenden roten Sandsteinblock mit den Mauern des **Château de Fleckenstein** (Tel. 03 88 94 28 52, www.fleckenstein.fr, Juli/Aug. tgl. 10–18 Uhr, Jan.–Mitte März So 12–16 Uhr, sonst tgl. 10–17/17.30 Uhr). Zweifellos ist es nicht nur eine der imponierendsten Burgruinen der Nordvogesen, sondern eines der bemerkenswertesten Denkmäler mittelalterlicher Festungsbaukunst.

Bei genauerer Betrachtung zeigt sich, dass Burg Fleckenstein, um das Jahr 1000 errichtet, nicht lediglich auf, sondern zu einem Großteil in den 370 m hohen Fels gebaut wurde. Lange Zeit wie ein Dornröschenschloss hinter Gestrüpp und Geröll verborgen, wurde die Ruine der 1680 von den Franzosen abgebrannten Burg in den 1960er-Jahren restauriert und zugänglich gemacht. Eine Autostraße führt vom Sauertal zum **Parkplatz** am Fuß des Felsenschlosses. Burg und Umgebung lassen sich auf einem Rätselparcours (im Winter geschl.), der kleine und große Besucher rund 2,5 Stunden auf Trab hält, spielerisch entdecken.

Im ehem. *Burghof* trifft man allenthalben auf Spuren einstiger Gebäude – Stallungen, Vorratsräume, Unterkünfte für Knechte und Handwerker. Die *Wohnung der Herrschaft* befand sich hingegen in dem mächtig aufragenden, 40 m hohen Felsblock, der von der Vorburg durch einen Graben getrennt und seit dem 15. Jh. durch einen **Treppenturm** mit Zugbrücke zugänglich war. Der heutige Besucher benutzt ältere Wege und betritt die Burg durch einen in den Felsen gehauenen, einst geheimen Treppentunnel, der parallel zum ›offiziellen‹ Aufgang verläuft. Im Inneren sind ›Rittersaal‹ und Burgkapelle zu identifizieren, die Brunnenkammer und der Raum für den Lastenaufzug.

Schon rein technisch ist die Anlage in höchstem Maße bewundernswert, und großartig ist auch der Ausblick von oben, weit hinaus ins **Dreiländereck** Lothringen, Elsass und Pfalz. Man erkennt den Löwenstein, die Hohenburg und die bereits jenseits der heutigen Grenze liegende Wegelnburg. Vom Parkplatz bei Fleckenstein aus können alle diese Burgen im Rahmen der ca. dreistündigen **Circuit des 4 Châteaux** (Vierburgenwanderung) erkundet werden.

i Praktische Hinweise

Restaurant

Gimbelhof, beim Parkplatz am Fuß des Fleckenstein, Tel. 03 88 94 43 58, www.gimbelhof.com. Malerisch in unmittelbarer Nähe der Burg gelegener, beliebter und preisgünstiger Ausflugsgasthof mit regionaler Küche und einigen Fremdenzimmern (Mo/Di geschl.).

6 Steinbachtal

Von Minnesängern und Raubrittern.

Im weiteren Verlauf der D3 gibt es im Steinbachtal einige hübsche Orte zu entdecken, vor allem aber etliche interessante **Burgen**. Sie sind zumeist nur zu Fuß erreichbar, doch liegen sie allesamt nicht weit von der Straße entfernt und der Zugang ist nicht allzu beschwerlich. Bei dieser Gelegenheit sei daran erinnert, dass der Naturpark ein ideales, mit ausgezeichneten Markierungen versehenes **Wandergebiet** ist.

Lohnend ist der Aufstieg zu den Ruinen Wasigenstein, Froensburg, Wineck, Schoeneck und Lützelhardt sowie, etwas weiter im Süden, Windstein und Falkenstein. Die Burgen wurden in teils schwindelerregender Höhe auf bizarren **Felsklippen** errichtet. Einzelne Räume wurden aus dem Felsen ausgehöhlt, andere durch Mauerwerk diesem aufgesetzt oder schwalbennestartig ›angeklebt‹.

Wasigenstein

Die **Doppelburg** nördlich von Obersteinbach erhebt sich auf gemeinsamem Felssockel als zwei durch einen Graben getrennte Festungen. Grund dafür war eine Erbteilung. Die ältere Anlage stammt aus dem frühen, die jüngere aus dem späten 13. Jh. Steile, in den Fels gehauene Treppen erschließen den Zugang. Hier soll sich nach dem *Waltharilied* in Anwesenheit Brunhildes das Duell zwischen Walther und Gunther abgespielt haben.

Châteaux de Windstein

Die Ruinen der Burg **Alt-Windstein** erreicht man von Obersteinbach aus auf der D53 Richtung Niederbronn. Sie erheben sich halsbrecherisch auf drei Felsenklippen – ein Kletterdorado für Wagemutige. Die nur noch rudimentär erhaltene Anlage geht auf das 13. Jh. zurück und wurde 1332 in gemeinsamer Anstrengung vom Bischof von Straßburg und von der Stadt Hagenau zerstört. Man wollte ein für alle Mal den *räuberischen Rittern* das Handwerk legen, die von hier aus das Land unsicher machten.

Von der alten Burg Windstein aus liegt dem Wanderer das Tal des Steinbachs zu Füßen

Neu-Windstein, 10 Gehminuten südlich, wirkt weniger ›gefährlich‹. Die 1334 erbaute Burg zeigt qualitätvolle architektonische Details, einen polygonalen Turm und schöne gotische Fenster.

i Praktische Hinweise

Hotel

Au Cheval Blanc, 11, rue Principale, Niedersteinbach, Tel. 03 88 09 55 31, www.hotel-cheval-blanc.fr. Historischer Gasthof mit Garten und vorzüglicher regionaler Küche (Do geschl.).

Restaurant

Anthon, 40, rue Principale, Obersteinbach, Tel. 03 88 09 55 01, www.restaurant-anthon.fr. Feinschmeckerlokal mit schönem Garten; auch einige Gästezimmer (Di, Mi und Jan.geschl.).

7 Niederbronn-les-Bains

Heilkräftige Quellen, eine Spielbank und die herrliche Umgebung sorgen für steten Besucherstrom.

Folgt man von Lembach aus dem Tal der Sauer nach Süden, so gelangt man am östlichen Gebirgsrand zum Bäderstädtchen Niederbronn-les-Bains.

In den warmen, waldumgebenen Thermalquellen suchten bereits die Römer Linderung von Rheumabeschwerden, was die Funde von Opfermünzen in den gefassten Quellen belegen. So liegt auch ein Schwerpunkt der **Maison de l'Archéologie des Vosges du Nord** (44, avenue Foch, Tel. 03 88 80 36 37, www.musee-niederbronn.fr, März–Okt. Mi–Fr, So/Mo 14–17 Uhr, Nov.–Febr. nur nach Anmeldung) auf vorrömischen und römischen Ausgrabungsfunden der Region. Daneben ist eine Sammlung von *Öfen* interessant, die traditionellerweise in Niederbronn hergestellt werden.

Auch ohne selbst Kurgast zu sein, kann man aus einem Trinkbrunnen vor der zentral gelegenen *Spielbank* einen Schluck aus der **Römerquelle** versuchen. Dass schon vor den Römern die Bewohner der

Bei Zipperlein empfehlen sich die Thermen, bei Spiellust das Casino in Niederbronn

Gegend die heilsame Kraft des Wassers zu schätzen wussten, lässt der Name **Keltenquelle** vermuten. Das kalte Quellwasser sprudelt am nördlichen Stadtrand und soll bei Übergewicht und Nierenkrankheiten helfen.

Château de Wasenbourg

Bemerkenswerter als dieser seltsam heterogene – halb dörfliche, halb mondäne Ort – ist die nahe *Wasenburg*, erreichbar über die D28 und die Waldstraße.

Eine mächtige Schildmauer, die zugleich als Donjon diente, beherrscht den im 14. Jh. erstmals urkundlich erwähnten Bau. Die Wand des Palas zeigt auffallend schöne *Details*: Neun lanzettförmige Fenster mit sieben darüber angeordneten Rosen vermitteln einen schlossartigen, weit weniger trutzigen als vielmehr höfisch-eleganten Eindruck. Im Burgbereich wurden Reste eines römischen Postens und eines Merkurtempels gefunden, deren heutige Präsentationsweise freilich nichts mehr mit dem ursprünglichen Zustand zu tun hat.

Gut markierte **Wanderwege** führen von hier durch ausgedehnte Wälder, vorbei an eindrucksvollen Sandsteinformationen (›L'Hexenplätzl‹), dem auf gewaltiger Felsenplatte errichteten *Château Arnsbourg* und über das Zinseltal hinweg nach Lichtenberg.

i Praktische Hinweise

Information

Office de Tourisme, 6, place de l'Hôtel de Ville, Niederbronn-les-Bains, Tel. 03 88 80 89 70, www.ot-niederbronn.com

Der Buchsweiler Weiberkrieg

Im Jahr 1480 war das Geschlecht der Lichtenberger in direkter Linie ausgestorben. Die beiden letzten Regenten waren die Brüder Jakob und Ludwig. Der Witwer **Jakob** verliebte sich in seine Magd, die charmante und kecke **Bärbel von Ottenheim**. Dies führte jedoch zu Streitigkeiten mit dem Bruder, später zum ›Buchsweiler Weiberkrieg‹ [s. S. 44] und schließlich zu einem bösen Ende: Der Graf hatte, angestachelt von seiner Geliebten, ihm untertänige Bürger um Geld erpresst. Das wollten sich deren **Frauen** nicht gefallen lassen. Sie verbündeten sich also mit dem Bruder, dem es ebenso darum ging, die ›Ordnung wieder herzustellen‹, wie die unliebsame Rivalin im Kampf um das brüderliche Erbe auszuschalten. Bärbel wurde schließlich verjagt, nach dem Tod ihres Liebhabers aber in den Kerker geworfen und 1481 in Haguenau als Hexe verbrannt. Nach einer anderen Überlieferung hat sie selbst ihrem Leben ein Ende bereitet.

Der große spätgotische Bildhauer **Nikolaus Gerhaert van Leyden** soll die beiden abgebildet haben. Aber die ursprünglich zusammengehörenden Büsten, die sich heute in den Museen Liebighaus, Frankfurt, und Frauenhaus, Straßburg, befinden, könnten ebensogut einen Propheten und eine Sibylle darstellen wie jenes legendäre Liebespaar.

8 Lichtenberg

Bollwerk mit prachtvoller Aussicht.

Die mächtige **Burg** dominiert den kleinen, mit ihr auf gleicher Höhe gelegenen Ort. Sie ist schon von Weitem zu sehen und umgekehrt genießt man von ihr aus einen grandiosen **Ausblick** nach Osten auf die Rheinebene.

Zwiebelartig legte die Zeit Schale um Schale um den mittelalterlichen Kern: Zentrum der trutzigen Anlage, deren Größe auf eines der mächtigsten Geschlechter im Elsass verweist, ist der breit angelegte, einst bewohnbare *Bergfried* aus dem 13. Jh.

Von der *Burgkapelle* des 15. Jh. steht nur noch der Chor. Die Kapelle enthält Grabsteine der Familie Lichtenberg, die 1209 erstmals erwähnt wurde und drei Straßburger *Fürstbischöfe* hervorbrachte. Einer von ihnen, Konrad von Lichtenberg, baute das um 1200 gegründete Schloss aus. Unter der durch Heirat entstandenen Linie derer von Hanau-Lichtenberg wurde die Burg umgebaut, komfortablere Wohnbereiche entstanden. 1570–80 umgab der Straßburger Architekt *Daniel Specklin* das Ganze mit Bastionen und nahm es als Beispiel einer modernen Befestigungsanlage in sein Standardwerk ›Architectura von Festungen‹ auf. Das schöne Renaissance-Portal ist von 1586.

1677 besetzten die Franzosen Burg Lichtenberg, die Anlagen Specklins wurden von *Vauban* ergänzt und erweitert. Eine kleine Garnison, die später dort

Noch als Ruine beherrscht Burg Lichtenberg stolz und mächtig die Gegend

untergebracht war, ergab sich 1870 den Württembergern.

Auch das 20. Jh. hat etwas beigetragen: Ein kühner und doch einfühlsamer **Anbau** der Architekten Andréa Bruno (Italien) und Jean-Pierre Laubal (Frankreich) mit Beteiligung des Pariser Lichtkünstlers Yann Kersalé macht die Burg seit 1997 für kulturelle Veranstaltungen nutzbar.

i Praktische Hinweise

Information

Château de Lichtenberg, Tel. 03 88 89 98 72, www.chateaudelichtenberg.com, März, Okt. Sa/So 10–17, April–Juni, Sept. Do–Di 10–18, Mi geschl., Juli/Aug. tgl. 10–18 Uhr.

Hotel

Au Soleil, 2, place de l'Église, Lichtenberg, Tel. 03 88 89 96 13, www.au-soleil-muhlheim.fr. Angenehmer, preisgünstiger Gasthof im Ortszentrum mit Restaurant (Mi geschl.).

9 La Petite-Pierre
Lützelstein

Wohnen auf und in den Felsen.

Wanderwege führen im westlichen Teil des Gebirges in den Süden der Nordvogesen, dorthin, wo das Bergland schmal wird, und nicht nur die Straße, sondern auch der *Canal de la Marne au Rhin* die Gelegenheit nutzen zum Durchbruch nach Lothringen. Wenig nördlich liegt die Felsenfestung **La Petite-Pierre** – zu deutsch Lützelstein (›kleiner Fels‹).

Auf einem lang gezogenen Bergrücken, inmitten ausgedehnter Wälder, erhebt sich die gut erhaltene **Oberstadt**. Zeugnisse ausgedehnter Befestigungsanlagen – die Burg des 12. Jh. und die ihr vorgelagerten, das Städtchen umfassenden Bollwerke des 17. Jh. – bestimmen noch bis heute das Bild.

Der Weg hinauf zur Burg führt an schönen Häusern, vornehmlich des 18. Jh., vorbei. Bemerkenswert sind unten im Tal die **Maison des Païens** (Heidenhaus), eine noble Renaissance-Architektur von 1530, und auf dem Bergrücken die **Église**

de l'Assomption (tgl. 8–18 Uhr). Ihr Chor, den Graf Burkhard von Lützelstein 1417 erbauen ließ, birgt qualitätvolle *Malereien* aus der Zeit um 1420, welche die Heilsgeschichte zum Inhalt haben. Einige schöne *Renaissance-Grabmäler* wurden zur Zeit der Französischen Revolution leider arg in Mitleidenschaft gezogen.

Vor dem Rathaus informiert eine Karte über die vielen schönen **Wanderwege** der Region. Herren über das Land waren die Grafen von Lützelstein. Das Geschlecht starb aber 1460 aus, die auf das 12. Jh. zurückgehende Burg wurde 1452 zerstört. Erhalten blieb allein ein Rest des fünfeckigen Turms. Anstelle der Burg erbaute Pfalzgraf Georg Johann von Veldenz (›Jerry-Hans‹, 1543–92) das heutige **Schloss** (Tel. 03 88 01 49 59, Mi–So 10–12 und 14–18 Uhr, Jan. geschl.). Die Räume sind der Geschichte des Schlosses gewidmet, beherbergen aber auch die Ausstellung *L'Aventure des Vosges du Nord*, die über Flora, Fauna und Geologie der Nordvogesen informiert. Denn das Schloss ist heute Verwaltungssitz des Naturparks Nordvogesen. Unweit davon befindet sich in einem ehem. Munitionslager des 16. Jh. das **Musée du Springerle – Musée des Arts et Traditions Populaires** (11, rue des Remparts, Tel. 03 88 70 48 65, März–Juni und Okt.–Dez. Sa/So/Fei 10–12, 14–17, Juli–Sept. und 25. Dez.–1. Jan. Di–So 10–12 und 14–17 Uhr). Es befasst sich mit Volkskunst und Brauchtum, originell ist die Sammlung alter ›Springerle‹-Backformen, einem traditionellen Weihnachtsgebäck. Einmalig in Europa ist das **Musée du Sceau Alsacien** (Tel. 03 88 70 48 65, www.musee-sceau.com, Öffnungszeiten wie oben) in der angrenzenden Kapelle St-Louis, das über 2000 Siegel ausstellt.

Graufthal

Das 12 km südwestlich, im Tal der Zinsel gelegene Graufthal erreicht man über die D178 und D122 (rechts abbiegen!). Ein Abstecher lohnt wegen der eigenartigen **Maisons des Rochers** (rue des Fontaines, Tel. 03 88 70 19 59, April–Sept. So/Fei 14–18 Uhr, Juli/Aug. tgl. 14–18 Uhr). Die dort in den Sandstein gehauenen Höhlenwohnungen waren noch bis 1958 bewohnt.

Auf hohem Bergrücken erhebt sich das Schloss von La Petite-Pierre

i Praktische Hinweise

Information

Office de Tourisme, 2 a, rue du Château, La Petite-Pierre, Tel. 03 88 70 42 30, www.ot-paysdelapetitepierre.com

Hotel

Au Vieux Moulin, 7, rue du Vieux Moulin, Graufthal, Tel. 03 88 70 17 28, www.auvieuxmoulin.eu. Angenehme Unterkunft in einer alten Mühle mit stimmungsvoller Gartenwirtschaft (Restaurant Mo geschl.).

10 Alsace Bossue
Krummes Elsass

Römer und Hugenotten hinterließen ihre Spuren.

Den nördlichen Vogesen ist nach Lothringen hin ein Hügelland vorgelagert, das von der Saar durchflossen und seiner buckligen Struktur wegen Alsace Bossue, Krummes Elsass, genannt wird.

Wichtigster Ort in dieser wenig besuchten, jedoch landschaftlich durchaus reizvollen Gegend ist das im Kern sehr pittoreske **Sarre-Union**. Der Name leitet sich von der 1794 vollzogenen Vereinigung des 1766 an Frankreich gekommenen, vorher lothringischen **Bockenheim** mit dem 1707 neu und entsprechend regelmäßig angelegten **Neu-Saarwerden** ab. Neu-Saarwerden ist eine Gründung der Fürsten von Nassau für Hugenotten, die nach der 1685 von Ludwig XIV. verfügten Aufhebung des Ediktes von Nantes, das ihnen 1598 Glaubensfreiheit garantiert hatte, ihre Heimat verließen. Die beiden *evangelischen Kirchen* stammen aus den Jahren 1712 und etwa 1720. Naturgemäß älter ist dagegen die **katholische Kirche** in der Altstadt. Die spätgotische, dreischiffige Basilika kann mit sehenswerten Ausstattungsstücken aus dem 16.–18. Jh. aufwarten, darunter einer steinernen Kanzel, einem Orgelprospekt von 1717 und auf dem rechten Seitenaltar einer Muttergottes vom Beginn des 16. Jh.

Interessante Dorfkirchen gibt es u.a. in **Waldhambach**, mit Wehrturm und Schiff von 1766, sowie in **Sarrewerden**. Hier ist die ehem. Stiftskirche *St. Blasius* von 1481 mit Herrschaftsloge und einer Steinkanzel von 1556 ausgestattet. Als eine der schönsten ihrer Art gilt die ehem. **Wehrkirche** aus dem 14. Jh. in **Domfessel**. In die Pfeiler der dreischiffigen Basilika sind Tierfiguren gemeißelt. Die *Wandeinbuchtungen* wurden als Sitzplätze, Wasserbecken oder Kleinstkapellen angelegt.

In **Mackwiller** wurden bei Grabungen eine römische Villa sowie ein Mithras-Heiligtum gefunden. Der Ort war schon in der Antike ein *Heilbad*. Die 1842 erbaute Kirche ruht auf Quadersteinen, die von römischen Gebäuden stammen.

i Praktische Hinweise

Information

Office de Tourisme de l'Alsace Bossue, 90, rue Principale, Lorentzen, Tel. 03 88 00 40 39, www.tourisme.alsace-bossue.net

Restaurant

Windhof, route de Strasbourg, Burbach, 10 km von Sarre-Union, Tel. 03 88 01 72 35, www.windhof.fr. Gepflegter Landgasthof (So und Mo sowie Di abend geschl.).

Haguenau und Umgebung – Schönheiten der Rheinebene

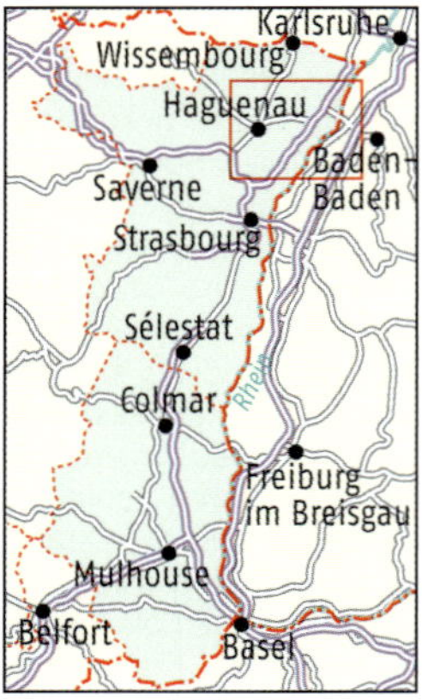

Die alte Reichsstadt Hagenau, französisch Haguenau, liegt dominierend inmitten der Zaberner Senke. Die umliegende Region kennt man als **Hanauer Land**, das sich noch weit nach Westen bis an den Rand der Vogesen hinzieht. Benannt ist dieses wohlhabende, fruchtbare **Bauernland** mit seinen charakteristischen Hopfenkulturen und den schmucken Fachwerkhäusern nach den rechts- und linksrheinischen Besitztümern der mächtigen Grafen von Hanau-Lichtenberg.

Zu deren Territorium gehörten allerdings die Reichsstadt selbst und der ihr im Norden halbkreisförmig vorgelagerte ›Heilige Forst‹ nicht. Diese Bezeichnung **Forêt Sainte** geht auf die Legende zurück, der hl. Arbogast habe im 6. Jh. in dem dichten, dunklen Forst als Einsiedler gehaust. Heute ist der nach wie vor prächtige Mischwald von einem dichten Netz an **Wanderwegen** durchzogen.

11 Brumath

Von Fachwerkhäusern und einstigen Schlössern.

Brumath gehört zu den ältesten Siedlungen im Elsass und entstand wahrscheinlich bereits in neolithischer Zeit. In römischer Zeit war *Brocomagus* ein wichtiger Verkehrsknotenpunkt. Die Archäologen konnten Thermen, Tempel und ein Mithras-Heiligtum nachweisen.

Es gab in Brumath eine bedeutende jüdische Gemeinde. Die 1844–45 erbaute, in der NS-Zeit beschädigte **Synagoge** dient seit 1957 wieder ihrem ursprünglichen Zweck. Von den beiden **Schlössern** des 14. Jh., von denen eines den Leiningern, das andere den Lichtenbergern gehörte, hat sich nur das Letztere, 1722–26 von Christian Ludwig Hermann neu errichtet und 1795 umgebaut, erhalten. Seit 1804 beherbergt es die evangelische Kirche (mit bemerkenswerter Orgel von 1810). Im Keller ist ein kleines *archäologisches Museum* (Tel. 03 88 51 05 15, auf Anfrage) untergebracht.

Bischwiller/Bischweiler

Das kleine Bischwiller, etwa 14 km nordöstlich, bietet besonders schöne Beispiele für das landestypische **Fachwerk**. Eindrucksvolle Bauernhäuser mit hölzernen Galerien in den Innenhöfen und Vordächern an der Giebelseite, unter denen Mais und Tabak getrocknet werden konnten, bilden zusammenhängende Straßenzüge. Das Alte Rathaus und die ehem. Hofapotheke stammen aus dem 17. Jh., die Kirche aus dem 18. Jh.

i Praktische Hinweise

Hotel

Le Verger de Bischwiller, 29, rue de Haguenau, Bischwiller, Tel. 03 88 63 02 02, www.le-verger-de-bischwiller.fr. Komfortable Zimmer, reichhaltiges Frühstücksbuffet, gutes Restaurant (So, Di/Sa mittag geschl.).

12 Sessenheim
Sesenheim

Der Student und die Pfarrerstochter.

Noch ausgesprochen lebendig ist die Erinnerung an die junge Liebe des 21-jährigen Goethe zu **Friederike Brion**, der Tochter des Pastors von Sessenheim. Goethe, damals Student in Straßburg, besuchte die 18-Jährige häufig und gern im Pfarrhaus. Später schrieb er über diese frühe, zarte Beziehung: »Sie hat mich geliebt, schöner als ich's verdiente«. Im heutigen Pfarrhaus ist ein kleines **Goethemuseum** untergebracht, und auch die *Auberge ›Au Bœuf‹* in der Rue de l'Église bewahrt Erinnerungsstücke an die Romanze von 1770/71. In der **protestantischen Kirche** – vom ursprünglichen Bau sind nur Turm und Chor (heute Sakristei) erhalten, alles andere ist Resultat einer Erweiterung von 1911/12 – ist noch der Pfarrstuhl zu sehen, in dem die Liebenden, den Blicken der Gemeinde verborgen, der Predigt lauschten.

Als Rest des ehem. Pfarrhauses blieb die ›Goethescheuer‹ übrig. Es gibt auch eine ›Friederike-Linde‹ und im napoleonischen Wachhaus *Corps de garde* wurde eine kleine Gedenkstätte, das **Mémorial Goethe** (tgl. 9–18 Uhr), eingerichtet.

Soufflenheim

Das Nachbardorf Soufflenheim, unmittelbar am südöstlichen Rand des großen *Forêt du Haguenau* gelegen, ist berühmt geworden durch seine typische **Bauernkeramik** mit charakteristischem Blumenmuster auf einfarbigem Grund. In jedem ungeraden Jahr feiert Soufflenheim im September die **Fête de la Poterie**. Bei der Ausrichtung dieses ›Töpferfestes‹ wechselt man sich mit *Betschdorf* ab, der rund 10 km nördlich gelegenen, zweiten Hochburg der traditionellen Töpferei im Elsass.

Traditionelle Bauernkeramik wird in den Töpfereien in Soufflenheim gefertigt

i Praktische Hinweise

Information

Office de Tourisme, 20 b, Grand' Rue, Soufflenheim, Tel. 03 88 86 74 90, www.ot-soufflenheim.fr

Restaurant

A l'Agneau, 48, Grand' Rue, Sessenheim, Tel. 03 88 86 72 79. An der D468 gelegenes, beliebtes Ausflugslokal mit schönem Garten und elsässischen Spezialitäten (Mo und Di abend geschl.).

In Sessenheim hält das Mémorial Goethe die Erinnerung an den Dichterfürsten wach

13 Seltz

Auf den Spuren einer glanzvollen Vergangenheit.

Direkt an der französisch-deutschen Grenze, an einem uralten Rheinübergang, liegt das Städtchen Seltz (2200 Einw.), seit 1357 Reichsstadt. Name und Ort gehen auf die Zeit der Kelten (*Saliso*) und Römer (Militärlager *Saletio*) zurück, Überreste aus dieser Frühzeit wurden um 1900 freigelegt. Bedeutend war die Benediktinerabtei, die um 990 von der 1085 heiliggesprochenen Kaiserin Adelheid (ca. 931–999), der Witwe Ottos I., gegründet wurde. Heute erinnert nur noch das 1901 von August Revé geschaffene Denkmal an sie.

Einen ungewöhnlichen Anblick bietet die Kirche **St-Etienne**: In den Neubau von 1954–58 wurde der spätgotische Chor samt Hochaltar (1720) der im Krieg schwer beschädigten alten Pfarrkirche einbezogen. Eine erhaltene Kapelle aus dem Jahr 1520 wurde im Nachhinein Kaiserin Adelheid gewidmet.

Bronzezeitliche Grabbeigaben, römische Funde u.a. bewahrt das Museum **Maison Krumacker** (Mo–Fr 13.30–17.30, Januar geschl., Febr.–Dez. nur jeden ersten und dritten Sonntag von 14–17 Uhr geöffnet), eine Station des Pamina-Rheinparks (www.pamina-rheinpark.org).

Praktische Hinweise

Information

Office de Tourisme, 2, av. du Général Schneider, Seltz, Tel. 03 88 05 59 79, www.tourisme-pays-seltz-lauterbourg.fr

Restaurant

Auberge de la Forêt, 42, route de Strasbourg, Seltz, Tel. 03 88 86 50 45, www.auberge-foret-seltz.com. Gute, landestypische Küche, ›Winstub‹ (Mo, So/Mi abend geschl.).

14 Surbourg und Walbourg

Zwei beeindruckende Zeugnisse benediktinischer Baukunst.

Westlich von Seltz, an der Straße von Wissembourg nach Hagenau, liegt **Surbourg**, eine Station der elsässischen *Route Romane*. Die nach benediktinischem Brauch auf einer Anhöhe gelegene ehem. Klosterkirche **St-Arbogast** gilt mit ihrem strengen *Stützenwechsel* von Pfeiler – Säule – Pfeiler als Prototyp frühromanischer Architektur. Der Bau aus der Mitte des 11. Jh. vermittelt trotz teilweiser Zerstörung im Dreißigjährigen Krieg und Wiederaufbau um 1700 noch viel von seinem ursprünglichen Raumcharakter.

Dies gilt weniger für die gleichwohl besuchenswerte, 1047 gegründete ehem. Benediktinerabtei **Walbourg**, rund 6 km

Seit dem 15. Jh. strahlen die Glasfenster von Walbourg kraftvoll im Gegenlicht

An Haguenaus Place Joseph Thierry fällt das markante Gebäude des Musée Alsacien ins Auge

südwestlich. Sie wurde im Bauernkrieg und später noch einmal 1945 schwer beschädigt. In ihr fand der Vater Friedrich Barbarossas, Herzog Friedrich von Staufen, seine letzte Ruhestätte. Die Architektur ist teils romanisch, teils Resultat gotischer Umbauten. Von der Ausstattung sind eine Reihe von *Figuren* und das *Sakramentshaus* sowie *Wandmalereien* und *Fenster* im Chor bemerkenswert. All dies stammt aus dem 15. Jh., die Glasmalereien wohl aus dem Umkreis der seinerzeit angesehenen Werkstatt von Peter Hemmel.

15 Haguenau
Hagenau

Kaiserstadt im ›Heiligen Forst‹.

Haguenau fungierte schon früh als Stützpunkt der kaiserlichen Macht, dank einer bis heute verkehrstechnisch günstigen Lage. Der die Stadt im Halbkreis umgebende ›Heilige Forst‹, oder prosaischer **Forêt du Haguenau**, ist ein mit prachtvollen alten Bäumen bestandenes Waldgebiet von rund 14 000 ha.

Geschichte Funde aus prähistorischer Zeit verweisen auf eine weit zurückreichende Siedlungsgeschichte. Haguenau selbst geht auf eine Gründung der Grafen von Egisheim zurück, die ihre Burg, bestens geschützt, auf einer Insel der Moder errichteten. Später kam sie durch Vererbung an die Staufer, die sie ausbauten. Friedrich Barbarossa erhob sie zur **kaiserlichen Pfalz**. Alte Abbildungen zeigen, wie imponierend die vieltürmige Anlage gewesen sein muss, immerhin war sie Verwaltungsmittelpunkt der elsässischen Reichslandvogtei.

Die kaiserlichen Vögte waren die eigentlichen Herren im Elsass. Der bekannteste von ihnen war Reichsvogt Wölflin, der im Auftrag seines Herrn, des Kaisers Friedrichs II., die umliegenden Orte befestigen ließ. Dann aber wurde er wegen Veruntreuung in den Kerker geworfen und dort – der Legende nach – von seiner Frau eigenhändig erwürgt. Sie wollte verhindern, dass er das Versteck der widerrechtlich angehäuften Schätze verriet. 1164 erhielt Haguenau das Stadtrecht. Als eines der führenden Mitglieder trat die Stadt 1354 der **Dekapolis** bei, die hier auch ihren Hauptsitz nahm.

Von der einst prächtigen Pfalz ist nichts mehr erhalten. Denn nach dem Westfälischen Frieden (1648) kam das Elsass an Frankreich, die Stadtmauer mit ihren 54 (!) Türmen wurde abgerissen – lediglich drei, der Ritterturm, der Fischerturm und das Weißenburger Tor, sind noch vorhanden. Im Zuge dieser ›Abrüs-

Der Flügelaltar von St. Georg (15. Jh.) ist ein Prunkstück mittelalterlicher Frömmigkeit

tung‹ wurde auch der Palast dem Erdboden gleichgemacht.

Besichtigung Grabungen in den 50er-Jahren des 20. Jh. brachten neue stadtgeschichtliche Erkenntnisse, sodass ein Modell im **Musée Historique** (9, rue du Maréchal Foch, Tel. 03 88 90 29 39 Mi–Fr 10–12 und 14–18, Mo 14–18, Sa/So 14–18 Uhr) Aufschluss über die ehem. Pfalz zu geben vermag. Bis zurück in die Steinzeit reicht die umfangreiche Sammlung.

Auch von der Bürgersiedlung, die sich seit dem 12. Jh. entwickelte, blieb nicht viel übrig. Ein Stadtbrand von 1677 und spätere Kriegszerstörungen dezimierten die Zahl der Denkmäler. Einige schöne Bürgerhäuser blieben erhalten. Erwähnenswert sind die beiden Kirchen [s.u.] und die ehem. Stadtkanzlei aus dem Jahr 1484 an der Place Joseph Thierry, worin sich heute die Touristen-Information und das **Musée Alsacien** (Tel. 03 88 73 30 41, Mo–Fr 9–12 und 14–17, Sa/So/Fei 14–17 Uhr, Di vormittag geschl.) befinden. Das Elsässische Heimatmuseum dokumentiert die Entwicklung von Brauchtum und Handwerk im Laufe der Jahrhunderte.

Traditionelle Keramiken präsentiert das Hagenauer Heimatmuseum Musée Alsacien

Die von Friedrich Barbarossa als Spitalkirche am Ortseingang beim Weißenburger Tor gegründete, 1189 den Prämonstratensern überlassene Kirche **St-Nicolas** ist seit 1208 Pfarrkirche. Der heutige Bau entstand um 1300 als dreischiffige *Säulenbasilika* ohne Querhaus, drei Westjoche wurden um 1425 angefügt.

Man betritt das Gotteshaus durch einen Vorraum mit Taufkapelle und Heiligem Grab (um 1360). Innen sind Reste einer qualitätvollen *Barockausstattung* – Chorgestühl, Kanzel, Orgel sowie z.T. lebensgroße Statuen aus dunkel gefärbtem Lindenholz – erhalten, die aus der 1792 zerstörten Zisterzienserabtei Neuburg stammt. An der linken Seitenwand findet sich eine spätgotische Darstellung des mystischen ›Christus in der Kelter‹.

Nahe bei St-Nicolas befindet sich ein eindrucksvoller *jüdischer Friedhof* und das interessante Schulgebäude der *École St-Nicolas* im Art-déco-Stil.

Die Pfarrei von **St-Georges** wurde 1143 gegründet. Der Kirchenbau zeigt die elementare Wucht des romanischen Stils, Chor und Querhaus sind allerdings das Ergebnis eines Umbaus im 13. Jh. Diverse Kapellen wurden vom 13. bis 16. Jh. angefügt, das Netzgewölbe im Mittelschiff 1609–11 von den Molsheimer Jesuiten eingebaut, die die Pfarrei im Zuge der Gegenreformation (1354–1535) übernahmen.

In St. Georg verdienen Aufmerksamkeit ein *Kruzifix* sowie zwei *Flügelaltäre* aus dem 15. Jh., ein 1523 von Hans Hammer geschaffenes *Sakramentshäuschen* und – unübersehbar – die nicht unbedingt mit dem Raum harmonierenden *Fenster* von Jacques Le Chevalier (1956). Beachtlich, wenngleich stark restauriert, ist die nach 1500 von Veit Wagner gestaltete **Kanzel** mit den Darstellungen der Georgslegende am Treppenaufgang sowie von Kirchenvätern und Evangelisten.

Bleibt zu erwähnen, dass Hagenau im 14. und 15. Jh. ein bedeutendes Zentrum der **Buchproduktion** war – erst handgeschriebener, später auch gedruckter Publikationen.

Besonders Reisende mit Kindern werden über die neuzeitliche Attraktion, das **Nautiland** (8, rue des Dominicains, Tel. 03 88 90 56 56, www.nautiland.net, Mo/Di, Do/Fr 12–21, Mi 9.30–21, Sa 10–22, So/Fei 9–19 Uhr), froh sein. Der Wasser-Freizeitpark bietet Spaß und Vergnügen für Groß und Klein. Er liegt östlich des Stadtflüsschens Moder, jenseits der historischen *Tour des Pêcheurs*, des Fischerturms.

i Praktische Hinweise

Information

Office de Tourisme, 1, place Joseph Thierry, Haguenau, Tel. 03 88 06 59 99, www.tourisme-haguenau.eu, www.ville-haguenau.fr

Hotels

Les Pins, 112, route de Strasbourg, Haguenau, Tel. 03 88 93 68 40, www.hotelrestaurantlespinshaguenau.com. Charmantes, komfortables Hotel am Ortsrand, das Restaurant bietet traditionelle regionale Küche.

L'Étoile, 46, route de Marienthal, Haguenau, Tel. 03 88 93 89 25, www.restaurant-hotel-aletoile.fr. Einfache, günstige Unterkunft mit Restaurant (Mi geschl.).

Das Bündnis der zehn Städte

Der Weg zur Demokratie war auch im Elsass lang und schwierig. Ein wichtiges Kapitel dabei war der **Kampf der Städte** um Selbstbestimmung im ausgehenden Mittelalter. Anfangs saßen im Rat der Städte allein Ritter, später Bürger, seit dem 14. Jh. auch Vertreter der Zünfte. Der Schultheiß wurde nicht gewählt, sondern war in der Regel ein Lehensmann des **Kaisers**, denn dieser war der Garant städtischer Freiheit und Selbstständigkeit. Er allein vermochte die begehrten Rechte zu vergeben, die vor dem Zugriff der Feudalherren schützten.

Doch auch diese Rechte mussten verteidigt werden und gemeinsam fühlte man sich stärker. So wurde 1354 auf Colmarer Betreiben hin der militärische Bund der zehn Städte, **Dekapolis**, gegründet, dem auch Weißenburg, Hagenau, Rosheim, Oberehnheim, Schlettstadt, Kaysersberg, Türkheim, Münster und Mühlhausen beitraten. Als das Elsass im Westfälischen Frieden (1648) Frankreich zugesprochen wurde, respektierte die neue Obrigkeit zunächst die **Reichsfreiheit**, Frankreich übte lediglich Vogteirechte aus und die Städte verweigerten den Eid auf den französischen König. Erst 1673 wurde der Widerstand mit **Waffengewalt** gebrochen, nachdem das Schiedsgericht des Reichstags, das die Städte angerufen hatten, die Oberhoheit Frankreichs über das Elsass anerkannt hatte.

Am Rhein-Marne-Kanal – Flussdurchbruch im Waldland

Dort, wo das Gebirge am schmalsten und die Schwelle nicht allzu hoch ist, befand sich von alters her ein bevorzugter Übergang über die Vogesen. Schon die Römer legten Straßen an, später die Straßburger Bischöfe, schließlich der Ingenieur De Regemorte. Seine 1737 eingeweihte ›neue Steige‹ verwendete Serpentinen und Gewölbe zur Überwindung von Höhenunterschieden und Bodensenkungen und wurde von den Zeitgenossen als technische Glanzleistung gepriesen.

Heute verbinden nicht nur Eisenbahn (gebaut 1842–51) und mehrere Straßen – im Norden die Autobahn und die N4 über den Col de Saverne, weiter südlich die D132 –, sondern auch der 1828–53 angelegte Canal de la Marne au Rhin das Pariser Becken mit der Rheinebene.

Wichtigste Stadt am östlichen Gebirgsrand ist **Saverne**, auf deutsch Zabern. Nördlich von Saverne liegen die äußersten Ausläufer des **Hanauer Landes** mit **Bouxwiller** als traditionellem Zentrum. Ein ausgedehntes Netz von **Wanderwegen** durchzieht den Forst und von den Felsspitzen eröffnen sich immer wieder herrliche **Ausblicke**, einer der spektakulärsten ist der vom viel bestiegenen **Rocher de Dabo**, dem mit 587 m höchsten Berg der Nordvogesen.

16 Saverne
Zabern

Römische Raststätte und fürstbischöfliche Residenz.

Verkehrstechnisch und strategisch exponiert liegt das Städtchen mit seinen heute 11 000 Einwohnern am Aufstieg zur ›Zaberner Steige‹, des nur 410 m hohen Vogesenpasses **Col de Saverne**.

Geschichte Schon zur Römerzeit war das damalige *Tres Tavernae*, drei Tavernen, ein beliebter Rastplatz. Bereits damals befestigt, fiel im 10. Jh. der wichtige Ort an den **Bischof von Straßburg**. Die Bischöfe waren es auch, die im 15. Jh. das Alte Schloss, im 16.–18 Jh. das Neue Schloss erbauen ließen. Beide Schlösser beherrschen – zusammen mit Kirche und Kanalhafen – bis heute das ›zweistöckige‹, aus Ober- und Unterstadt reizvoll komponierte Ortsbild. Die Bischöfe rangen 1193 den Herren von Geroldseck das *Stadtrecht* ab, rissen 1236 die kaiserlichen Vollmachten an sich und entmachteten

Savernes Grand'Rue begeistert mit ihrer Fachwerkidylle, vorne links die Maison Katz

1316 die Edlen von Greifenstein. 1414 verlegten sie den **Bischofssitz** hierher, nachdem ihnen die Straßburger Bürgerschaft mehr und mehr Schwierigkeiten bereitet hatte.

Der Name Zabern ist aber auch eng mit einem entsetzlichen Blutbad verbunden, das 1525, zur Zeit der **Bauernkriege**, lothringische Landsknechte an rund 18 000 heimkehrenden, unbewaffneten Bauern verübten.

Die Lage der Stadt brachte es mit sich, dass sie immer wieder umkämpft und zerstört wurde. Die Herrschaften wechselten und erst Ende des 17. Jh., unter französischer Oberhohheit, kam Saverne zur Ruhe und seine Bischöfe konnten eine prunkvolle, ›standesgemäße‹ Hofhaltung entfalten. Nach ihrer Entmachtung während der Französischen Revolution blieb zunächst ein Vakuum. Aus ihrem Dornröschenschlaf erwachte die Stadt erst wieder durch die **Industrialisierung** des 19. Jh., als der Rhein-Marne-Kanal und die Eisenbahnlinie angelegt wurden. In den 60er-Jahren des 20. Jh. wurde dann emsig gebaut und dabei unachtsam manches Schöne zerstört. In letzter Zeit hat sich allerdings auch hier ein neues Bewusstsein entwickelt, das sich in sorgfältigen Restaurierungen und in kulturellen Initiativen äußert.

Besichtigung Das **Neue Schloss** führt nach seinem Bauherrn den Namen **Château des Rohan**. Wie im 18. Jh. üblich, sind Stadt- und Gartenseite deutlich voneinander unterschieden: Hier die ›offizielle‹ repräsentative **Fassade** mit ihrem Ehrenhof, dort die eher ›private‹ Ansicht, eindrucksvoll gespiegelt in der Wasserfläche des **Kanalhafens**. Klassizistisch gereihte Kolonnaden bestimmen in beiden Fällen das Bild. Was den Garten betrifft, so beauftragte Bischof Arman Gaston de Rohan 1712 den berühmten Pariser Baumeister Robert de la Cotte mit dem Entwurf eines ›moderneren‹, unmittelbar vor dem Schloss gelegenen Parks nach Versailler Vorbild. Der Ausbau des Kanals und der Eisenbahn hat freilich aus dieser Anlage einen Torso gemacht. Am Schloss selbst, einer imponierenden, 1779 nach einem Brand des Vorgängerbaus unter Louis René de Rohan-Guéméné errichteten Architektur, hatte der Fürstbischof nicht lange seine Freude. Schon kurz nach der Fertigstellung zwangen ihn re-

volutionäre Unruhen zur Flucht ins badische Ettenheim. Das Schloss wurde nun als Gefängnis, Bahnhof, Schule, Kaserne und Lagerhalle genutzt. 1852 rettete es Prinz Louis Napoleon Bonaparte vor dem sicheren Verfall, indem er es als Heim für die Witwen höherer Staatsbeamter instand setzen ließ.

Heute ist das Schloss ein **Kulturzentrum** mit Vortrags-, Konzert- und Festsälen. Es beherbergt die Volkshochschule und eine Jugendherberge, vor allem aber zwei Museen: Das **Musée Archéologique et Historique** (Tel. 03 88 91 06 28, Mitte Juni–Mitte Sept. Mi–Mo 10–12, 14–18, Jan.–Mitte Juni, Mitte Sept.–23. Dez. Mo, Mi–Fr 14–18, Sa/So 10–12, 14–18 Uhr) wartet mit reichen volkskundlichen und archäologischen Sammlungen sowie mittelalterlicher und barocker Kunst auf. Das **Musée Louise Weiss** (Tel. 03 88 91 06 28, www.louise-weiss.org, Mitte Juni–Mitte Sept. Mi–Mo 10–12, 14–18, März–Mitte Juni, Mitte Sept.–Nov. Mi–Mo 14–17, Dez.–Febr. So 14–17 Uhr) hält das Andenken an eine engagierte Europäerin wach, die sich als Journalistin und Schriftstellerin zwischen den beiden Weltkriegen für die politische Gleichstellung der Frauen eingesetzt hat. 1981 vermachte sie u.a. wertvolle Gemälde, Dokumente und Reiseandenken aus mehreren Kontinenten der Stadt Saverne.

Das **Alte Schloss** an der Rue du Tribunal, heute *Sous-Préfecture*, bildet mit der Pfarrkirche eine markante, das Stadtbild bestimmende Einheit. Die heutige Architektur stammt im Wesentlichen aus dem 17. Jh., allerdings unter Einbeziehung älterer Teile wie der doppelgeschossigen *Michaelskapelle*. Ihr Obergeschoss wurde im 15. Jh. über einem älteren Beinhaus errichtet.

Die benachbarte Pfarrkirche **Notre-Dame-de-la-Nativité**, ursprünglich dem hl. Paulus, ab 1485 Mariae Geburt geweiht, besticht durch einen mächtigen Turm aus der Mitte des 12. Jh. mit heute etwas zu bescheiden geratenem, früher deutlich höherem Helm, einem zweischiffigen Langhaus mit Netzgewölben und dem Chor aus dem 15. Jh.

Von ihrer reichen **Ausstattung** kann nur das Wichtigste erwähnt werden. In der Vorhalle begrüßt eine überlebensgroße Christusfigur von 1756 den Kirchgänger. Die auf 1495 datierte *Kanzel* stammt vom Straßburger Münsterbaumeister Hans Hammer, den *Taufstein* ge-

Klar geordnet: die Gartenfront des Château des Rohan am Rhein-Marne-Kanal

Auch die einfache, einschiffige Kirche des ehem. **Franziskaner-** oder **Rekollektenklosters** etwas westlich in der Rue de Poincaré lohnt einen Besuch – u.a. wegen ihrer noblen *Barockausstattung*, aber auch wegen mehrerer bedeutend älterer Grabmäler und des 1303 datierten, im 17. Jh. ausgemalten *Kreuzgangs*. Sehens- und hörenswert ist auch die wertvolle *Orgel* des Silbermann-Schülers Louis Dubois von 1763. Bei deren Restaurierung fand man Handschriften des 14. Jh., die zum Abkleben undichter Stellen im Windkasten benutzt worden waren.

Über alledem sollte man in der Fußgängerzone **Grand'Rue** nicht die schönen Fachwerkhäuser versäumen, deren aufwendigstes die 1605 erbaute und 1668 vergrößerte **Maison Katz** ist. Das mit Schnitzereien reich geschmückte Haus ist benannt nach seinem Erbauer und Besitzer, dem bischöflichen Obereinnehmer Heinrich Katz. Heute ist hier eine *Weinstube* (www.tavernekatz.com) untergebracht, in der Damen in elsässischer Tracht *Choucroute* und andere landestypische Gerichte servieren.

staltete 1615 der Zaberner Bildhauer Hans Faber. Darüber befindet sich eine Christusstatue (um 1550), in einer Wandnische die etwas ältere, um 1500 entstandene Figur des hl. Vitus, der in siedendem Öl gesotten wird. Beim Heiligen Grab aus dem 14. Jh. an der linken Wand ist im Körper Christi eine Vertiefung angebracht. Hier konnte in der Karwoche die geweihte Hostie aufbewahrt werden.

Des Weiteren gibt es einen dem Augsburger Bildhauer Hans Daucher zugeschriebenen Schmerzensmann, der von Maria und Johannes gestützt wird (um 1500), qualitätvolle Grabmäler von Bischöfen aus dem 15. und 16. Jh., Fragmente von Flügelaltären und – in der Marienkapelle im linken Seitenschiff – die geschickt zusammengestellten Reste von *Glasmalereien* des 15. Jh. In ihrer silbriggoldenen, von der dunklen Glut hochmittelalterlicher Glasfenster grundverschiedenen Tönung sind sie charakteristisch für die Glasfensterkunst der Spätgotik im Allgemeinen und die des Peter Hemmel von Andlau im Besonderen. Als Empore hat man den Lettner des 15. Jh. wieder verwendet, auf ihr steht die 1784 von Sebastian Kraemer erbaute Orgel.

Butzenscheiben und pittoresker Schnitzschmuck – dafür ist die Maison Katz berühmt

Ansonsten lohnt ein Besuch des berühmten Rosengartens, der **Roseraie** (Tel. 03 88 71 83 33, www.roseraie-saverne.fr, Ende Mai–Aug. tgl. 10–19 Uhr, Sept. tgl. 14–18 Uhr), westlich des Zentrums an der Route de Paris. Zur Zeit der Blüte verwandeln ihn 1300 Rosensorten in ein duftendes Blumenmeer. Ihrer Freude daran geben die Saverner mit der alljährlich am dritten Junisonntag stattfindenden **Fête des Roses** Ausdruck. In der Nähe des Rosengartens steht die im 19. Jh. erbaute **Synagoge**, die von den Nazis teilweise zerstört, 1950 jedoch restauriert wurde. Der jüdische Friedhof (Route de Paris, Zugang nur mit Genehmigung der jüdischen Gemeinde) geht bis auf das 17. Jh. zurück.

Jardin Botanique du Col de Saverne

Gleichfalls einen Besuch wert ist der 3 km außerhalb an der N4 in Richtung St-Jean-Saverne gelegene **Botanische Garten** (www.jardin-botanique-saverne.org, Mai–Aug. tgl. 10–18, April/Sept. Sa/So 14–18 Uhr). In dem knapp 2,5 ha großen Gelände sind drei verschiedene Rundwege ausgewiesen. Besonders interessant sind das Alpinum und die Moorlandschaft.

i Praktische Hinweise

Information

Office de Tourisme, 37, Grand'Rue/Fußgängerzone, Saverne, Tel. 03 88 91 80 47, www.tourisme-saverne.fr

Hotel

Chez Jean, 3, rue de la Gare, Tel. 03 88 91 10 19, www.chez-jean.com. Gemütliches Hotel mit Restaurant und Weinstube (So abend und Mo geschl.).

17 Tal der Zorn

Wie Schiffe über den Berg kommen.

Südlich der A4 begleitet die D132 bis Lutzelbourg/Lützelburg den *Canal de la Marne au Rhin* durchs malerische Tal der Zorn.

Schiffshebewerk

Wer es nicht vorzieht, Ferien auf einem der z.T. recht komfortabel eingerichteten Hausboote zu machen, kann sich in Zabern ein Fahrrad ausleihen und damit bei gemächlichem Tempo die Schiffe

Ausblick auf das Tal der Zorn bei Lutzelbourg mit dem Rhein-Marne-Kanal

überholen, die alle paar hundert Meter erneut in einer Schleuse des Rhein-Marne-Kanals anhalten müssen, um den Höhenunterschied der Zaberner Steige zu überwinden. Die Vogesen sind hier nur rund 4 km breit und maximal 410 m hoch. Der letzte ›Schritt‹ ist dann ein imponierender Kraftakt: Im Jahr 1969 wurde das **Schiffshebewerk St-Louis Arzviller** (Plan Incliné St-Louis Arzviller, www.plan-incline.com, April–Mitte Okt. 10.30–17, Juli/Aug. bis 18 Uhr) in Betrieb genommen. Der Schrägaufzug überwindet mittels eines quer gelagerten Förderbeckens von 43 x 5,20 x 3,20 m einen Höhenunterschied von 44,55 m und ersetzt damit eine 4 km lange Kanalstrecke mit 17 Schleusen, für die man früher einen ganzen Tag brauchte. Man kann das technische Wunderwerk und als Zugabe den als *Museumsschiff* eingerichteten Lastkahn ›Sophie Marie‹ in den Sommermonaten besichtigen.

Die Schiffsreise durch das kanalisierte Zorn-Tal beginnt in Saverne, an der Anlegestelle bei den ehemaligen Pferdeställen des Neuen Schlosses am **Quai du Canal**. Gegenüber gibt es hübsche Straßencafés, von denen aus man das unterhaltsame Treiben auf dem Wasser betrachten kann.

Haut-Barr/Hohbarr

Aber vielleicht sollte man sich das Ganze doch erst einmal von oben ansehen? Der Blick von dem auf einem dreigeteilten Fel-

Ungewöhnlicher als mit dem Schiffshebewerk kann man die Vogesen kaum überwinden

Wie eine Spielzeugstadt wirkt Saverne beim majestätischen Blick von Haut-Barr aus

TOP TIPP sen im Südwesten von Saverne errichteten **Château du Haut-Barr** ist überwältigend. Die 1123 erstmals erwähnte Festung ist vom Stadtzentrum Savernes über die D102 nach ca. 4 km zu erreichen.

Die Burg war seit 1168 im Besitz der **Bischöfe von Straßburg**, die sie nach damals modernsten befestigungstechnischen Gesichtspunkten ausbauen ließen. Im 14. und 16. Jh. wurde sie erweitert – eine Inschrift beteuert, all dies diene allein dem Schutz der Untertanen und stelle keinerlei Unfreundlichkeit gegen irgendjemanden dar –, im Dreißigjährigen Krieg zerstört und im 19. Jh. restauriert.

Eindrucksvoll ist die romanische *Burgkapelle*, in die 1954 Betonglasfenster von A. Freydt eingepasst wurden. Die Renaissance-Gebäude stammen aus der Zeit des Straßburger Bischofs Johannes von Manderscheid, der hier oben einen Treff für fröhliche Saufkumpane einrichtete, die sog. **Hornbruderschaft**. Sie war benannt nach der Aufnahmeprüfung, die darin bestand, ein elf Liter fassendes Horn zu leeren. Heute kann man im Restaurant der Burg seinen Durst löschen.

Einen Genuss eigener Art beschert der herrlich weite **Ausblick**, den man sowohl vom nördlichen als auch vom südlichen Burgfelsen hat. Um seinetwillen wurde

Haut-Barr bereits Anfang des 15. Jh. **Oculus Alsatiae**, ›Auge des Elsass‹, genannt. Vom Nord- oder Markfelsen, mit seinem Pendant durch die sog. *Teufelsbrücke* verbunden, kann man sogar das Straßburger Münster ausmachen.

Télégraphe Chappe

Etwa 200 m vor Burg Haut-Barr steht ein technisches Denkmal besonderer Art, der nach seinem Erfinder Claude Chappe (1763–1805) benannte optische Télégraphe Chappe (Info: Société d'Histoire de La Poste et de France Télécom en Alsace, Tel. 03 88 52 98 99, www.shpta.com, Juni–Mitte Sept. Di–So 13–18 Uhr). Er wurde 1794 in Betrieb genommen und ermöglichte, mithilfe geometrischer, leicht erkennbarer Signalzeichen, Nachrichten in kurzer Zeit über große Entfernungen hinweg zu übermitteln. Das gesamte Netz umfasste etwa 550 Stationen und erstreckte sich über eine Entfernung von 4000 km. Die optischen Telegrafen blieben bis 1852 in Betrieb, dann wurden sie durch elektrische Telegrafen ersetzt.

Château du Griffon/ Burg Greifenstein

Um von Haut-Barr zum nahe gelegenen *Château du Griffon* zu gelangen, muss man erst wieder ins Stadtzentrum von Saverne hinuntersteigen. Eine schmale Waldstraße führt dann 2 km nach Westen hinauf zu der Doppelburg **Groß-** (seit 1157) und **Klein-Greifenstein** (1351). Beide Wehranlagen wurden von den Herren von Ochsenstein erbaut, dann aber von den Straßburger Bischöfen übernommen, die ihrerseits die Herren von Greifenstein bis 1450 mit diesem Besitz belehnten. Später dienten die Ruinen den Bischöfen als willkommene Steinbrüche für ihren neuen Schlossbau in Zabern. Gleichwohl ist der Bergfried von Groß-Greifenstein noch immer imponierend und einen Ausflug wert.

Groß- und Kleingeroldseck

Ein markanter Wohnturm ist der **Donjon** der weiter südlich gelegenen Burg *Großgeroldseck* bei Haegen, die 1269 erstmals erwähnt, aber schon im 15. Jh. wieder zerstört wurde. Sie gehörte einer ehemals mächtigen Familie, die ihr Lehen nun nicht dem Bischof von Straßburg, sondern dessen Amtsbruder in Metz verdankte. Man sieht, die Herrschaftsverhältnisse waren kompliziert.

In der Nähe finden sich noch die Reste der 1361 ebenfalls vom Bischof von Metz erbauten Burg *Kleingeroldseck*. Der **Blick** von hier oben schweift bereits über ein anderes Territorium, über die *Deux terres de Gerolsec* mit ihrem Zentrum Marmoutier [Nr. 21].

i Praktische Hinweise

Information

Syndicat d'Initiative de Lutzelbourg, 147, rue A. J. Konzett, Lutzelbourg, Tel. 03 87 25 30 19, lutzelbourg@wanadoo.fr

Hausboote

Locaboat Holidays, 7, rue de la Zorn, Port Amont, Lutzelbourg, Tel. 03 87 25 70 15, www.locaboat.com

Navig' France, Port de Plaisance, Lagarde, Tel. 03 87 86 65 01, www.hausboot-vermietung.com

Hotel

Des Vosges, 2, rue Charles Ackermann, Lutzelbourg, Tel. 03 87 25 30 09, www.hotelvosges.com. Nettes Hotel mit Restaurant, das je nach Saison u.a. Wildspezialitäten auf der Karte hat. Bei schönem Wetter sitzt man auf der Terrasse mit Blick über den Rhein-Marne-Kanal (Mi geschl.).

18 St-Jean-Saverne
St. Johann bei Zabern

Treffpunkt von Hexen und Nonnen.

»Quel beau jardin!« – »Welch schöner Garten!« rief Ludwig XIV. aus, als er vom *Col de Saverne* einen ersten Blick hinunter auf das Elsass werfen konnte. Wahrscheinlich haben Majestät den kleinen Flecken nicht weiter beachtet, der sich da am Berghang, in unmittelbarer Sichtweite, um das im Jahr 1126/27 gegründete **Benediktinerinnenkloster St-Jean** gebildet hatte. Das Kloster unterstand der Abtei St. Georgen im Schwarzwald, und einmal mehr wird man in diesem Zusammenhang auf die gemeinsame Kulturgeschichte diesseits und jenseits des Rheins verwiesen.

Das Kloster erlitt im Laufe der Jahrhunderte etliche **Zerstörungen**. In der Französischen Revolution wurde es aufgehoben, anschließend teilweise abgebrochen – seine Steine lassen sich unschwer in den Häusern der Umgebung wiederfinden. Was schließlich übrig blieb, brannte 1867 ab – bis auf Pfarrhaus und **Kirche**. Und diese, gut restauriert, ist einen Besuch wert. Erbaut um 1145–50 als querschifflose romanische **Pfeilerbasilika**, das Mittelschiff erst gegen Ende des 12. Jh. eingewölbt, wobei Rippen bereits die Gotik andeuten, zeigt die Kirche edle, klare Proportionen und bemerkenswerte **Ausstattungsstücke**. Außen und innen gibt es groteske, fantasievolle Bauskulpturen, über der Sakristeitür ein Tympanonrelief mit dem kreuztragenden Lamm Gottes, an den Türen selbst original romanische Beschläge. Im Innern: noble Ausstattung des 18. Jh. und vor allem sechs *Wirkteppiche* aus dem 16. Jh., die Jagdszenen, die Klage eines Greises um die verlorene Jugend sowie religiöse Themen darstellen. 1773 wurde vor die Fassade ein markanter Turm gesetzt. Unweit der Klosterkirche erhebt sich auf der Höhe die **St. Michaels-Kapelle**. Sie wurde auf uraltem, sagenumwobenem Terrain errichtet und, wohl um der heidnischen Überlieferung Herr zu werden, dem Kämpfer gegen die Dämonen geweiht. Schließlich gibt es noch heute die Grotte, in der einst ›Hexen‹ in ihrer geheimen Weisheit unterrichtet worden sein sollen. Darüber liegt die kreisförmige **École des Sorcières**, der sog. Hexentanzplatz. Das Christentum hat solche Orte nicht gemieden, sondern versucht, sie mit ›Gegenzauber‹ unschädlich zu machen.

19 Bouxwiller
Buchsweiler

Austragungsort des ›Weiberkrieges‹.

Ende des 13. Jh. in den Rang einer Stadt erhoben, war der kleine Ort mit seinen knapp 4000 Einwohnern lange Zeit Verwaltungszentrum des **Hanauer Landes**. Im Schutz des 326 m hohen Bastberges gelegen, war er seit 1343 sogar mit einer Mauer befestigt. Hier fand 1462 der ›Buchsweiler Weiberkrieg‹ statt, ausgelöst durch die Affäre des Grafen Jakob von Lichtenberg mit Bärbel von Ottenheim [s. S. 26].

Das Zentrum des *Marktplatzes* bildete einst das Stadtschloss der Lichtenberger, heute steht dort das 1885 erbaute *Lycée*. Erhalten blieben jedoch die ehem. *Kanzlei* von 1659, in der nun das **Rathaus** seinen Platz hat, sowie die Reste des *Herrengartens*. Hier, am Place du Château 2, war bislang auch das reichhaltige **Musée du Bouxwiller et du Pays de Hanau** untergebracht. Es wurde Mitte 2013 im Gebäude nebenan, der einstigen Fruchthalle aus dem 16. Jh. am Place du Château 3 neu eröffnet (Tel. 03 88 00 38 39, www.museedupaysdehanau.eu). Ein *Brunnen* aus dem 17. Jh. mit figürlichen Darstellungen von Venus und Diana schmückt den Platz. Besuchenswert ist auch das in der ehem. Synagoge untergebrachte **Museé Judeó-Alsacien de Bouxwiller**, 62a Grand'Rue (Tel. 03 88 70 97 17, Mitte März–Okt Di–Fr, So/Fei 10–13, 14–18 Uhr, Jan–Mitte März, Nov./Dez. nach Vereinbarung).

Die katholische *Kirche* stammt von 1779. Die evangelische Kirche wurde 1614 unter Verwendung älterer Teile erbaut. Innen zeigt sie die für den protestantischen Ritus typische Ausrichtung von – hier zweistöckigen – Emporen auf die *Kanzel*. Letztere wurde 1615 unter Einbeziehung gotischer Versatzstücke errichtet. Zur Ausstattung zählen ferner ein stuckierter *Herrenstuhl* von 1787 und die wertvolle *Orgel* von 1777/78, eine Arbeit Johann Andreas Silbermanns.

Ingwiller und Weiterswiller

Auffallend viele Ortsnamen im Elsass enden auf -willer, die Dialektform des hochdeutschen ›Weiler‹. Sie bezeugen unverkennbar alemannischen Dialekt, wohingegen die im Elsass ebenfalls häufigen Ortsnamen mit den Endungen -heim oder -hausen fränkischen Ursprungs sind.

Ingwiller (Ingweiler), 10 km nördlich von Bouxwiller am Fuß der Berge und am Zusammenfluss von Mittelbach und Moder gelegen, besitzt römische Wurzeln und zeigt noch Reste seiner mittelalterlichen *Befestigung*. In der evangelischen Kirche des 5 km südwestlich gelegenen **Weiterswiller** (Weitersweiler) sind *Wandmalereien* aus dem 15./16. Jh. zu sehen. Interessant sind außerdem vier *Grabmäler* der Familie Fleckenstein, in deren Besitz der zuvor den Lichtensteinern gehörende Ort im 16. Jh. gelangte.

i Praktische Hinweise

Information

Office de Tourisme du Pays de Hanau et du Val de Moder, 89, rue du Général Goureau, Ingwiller, Tel. 03 88 89 23 45, www.tourisme-hanau-moder.fr

Hinter Gärten und Fachwerkhäusern liegt die evangelische Kirche von Bouxwiller

Hotel

La Cour du Tonnelier, 84a, Grand'Rue, Bouxwiller, Tel. 03 88 70 72 57, www.courdutonnelier.fr. Preisgünstiges und komfortables Hotel mit Sauna und Restaurant (Sa/So geschl.).

20 Neuwiller-lès-Saverne
Neuweiler

Die Teppiche des hl. Adelphus.

Nur 7 km westlich von Bouxwiller lohnt der Besuch eines kunst- und baugeschichtlichen Kleinods ersten Ranges: der ehem. **Abteikirche St-Pierre-et-St-Paul** in Neuwiller-lès-Saverne. Um 725 hatte der westgotische Abt und Wanderbischof Pirmin das Benediktinerkloster gegründet. Im 9. Jh. wurden dann die Gebeine des hl. Bischofs Adelphus (um 400) aus Metz hierher gebracht, wodurch ein lebhafter *Wallfahrtsbetrieb* in Gang kam. Er machte das Kloster reich und mächtig, führte aber schließlich zu einer solchen Unruhe, dass sich die Mönche im 12. Jh. genötigt sahen, die Reliquien aus der Klosterkirche zu entfernen und eine eigene Adelphus-Kirche für die Pilger zu bauen. Seit 1563 allerdings gehört die nur noch als Torso erhaltene ehem. **Kollegiatskirche St-Adelphe** den Protestanten. Der Chor aus dem 14. Jh. wurde 1823 abgebrochen. Die erhaltenen Teile – besonders eindrucksvoll der romanische *Vierungsturm* und die minarettartigen *Treppentürmchen* seitlich der Fassade – zei-

Neuwillers Abteikirche St-Pierre-et-St-Paul, bedeutende Station der elsässischen Route Romane

gen in den Seitenschiffen Kreuzgrat-, im Mittelschiff Rippengewölbe, markieren also den Übergang von der Romanik zur Gotik (um 1200). Betrachtenswert sind auch die Figuren einer spätgotischen Kreuzigungsgruppe.

Um den **Stiftsplatz** drängen sich malerische Häusergruppen des 16. und 17. Jh.

Rätselhafte Engelsfiguren zieren die Kapitelle im Nordquerschiff von St. Peter und Paul

Auch das **Kriegerdenkmal** (1959) von Paul Dinder verdient Beachtung, hebt es sich doch wohltuend ab vom hohlen Pathos, das bei Monumenten dieser Art nur allzu verbreitet ist: Eine junge Frau betrauert ihren sinnlos geopferten Gatten – eine moderne Pietà als Zeichen der Trauer und Hoffnung.

Die Stilgeschichte der ehem. **Abteikirche** reicht von der romanischen Krypta bis zur klassizistischen Fassade von François Pinot (1731–1801), mit qualitätvollen Skulpturen der Kirchenpatrone. 1496 wurde die Abtei in ein weltliches Stift umgewandelt und in der Französischen Revolution aufgehoben. Im **Inneren** der Kirche kontrastieren ältere und jüngere Teile miteinander. Querhaus und anschließendes Joch entstanden um 1200. Man beachte den sog. *Rheinischen Stützenwechsel* und das vierteilige Gewölbe. Das restliche Schiff mit Bündelpfeilern und sechsteiligem Gewölbe geht auf das 13. Jh. zurück. Zisterziensischer Einfluss zeigt sich im rechteckigen Abschluss von Apsis und Kapellen.

Kostbares **Ausstattungsstück** ist das aus der Adelphi-Kirche übernommene, mit seltsamen Tierdarstellungen geschmückte *Hochgrab des Adelphus*. Es wird auf etwa 1300 datiert, der Schrein ist barock. Hinzu kommen ein detailliert und mit exquisiter Ornamentik ausgearbeitetes *Heiliges Grab* von 1478, zwei *Marienfiguren* aus dem 15. Jh., die *Kanzel* (1683) und der um 1200 entstandene *Taufstein*. Letzterer ruht auf Fabelwesen, die ganz offenbar unter ihrer Last leiden. Sehenswert sind auch die *Orgel*, 1772 von Nicolas Dupont geschaffen, und das *Chorgestühl* aus dem 18. Jh.

Von hervorragender Schönheit sind die berühmten vier **Basler Bildteppiche** vom Ende des 15. Jh., auf denen Szenen aus dem Leben des hl. Adelphus dargestellt sind. Sie werden im Obergeschoss der im 11. Jh. in wunderbar reinen Formen erbauten **Doppelkapelle** aufbewahrt. Sie ist oben dem hl. Sebastian, unten der hl. Katharina geweiht. Die Kapelle ist – nur im Rahmen von Führungen (Info beim Pfarramt unter Tel. 03 88 70 00 51) – vom Chorscheitel aus zugänglich.

i Praktische Hinweise

Hotel

Le Herrenstein, 20, rue du Général-Koenig, Neuwiller-lès-Saverne, Tel. 03 88 70 00 53, www.herrenstein.fr. Das Hotel in einem Kanoninkerhaus des 18. Jh. bietet ruhige Zimmer sowie einen Garten und ein vorzügliches Restaurant.

21 Marmoutier

Maursmünster

Highlight der Route Romane: die wunderschöne romanische Fassade der Klosterkirche.

Der Ort wird beherrscht vom ehem. **Kloster**, die Straße führt direkt auf seine imponierende, edel proportionierte Fassade zu. Maursmünster wurde von den iro-schottischen Mönchen Leobardus und Sindenus um 590 gegründet und von den Merowingerkönigen mit reichem Landbesitz, der sog. *Mark Aquilea*, ausgestattet. Das Territorium, das von der einst mächtigen Abtei beherrscht wurde, umfasste mehr als 150 km^2 und 16 Dörfer. Maursmünster ist somit eines der ältesten Klöster im Elsass. Die über das südliche Querschiff der **Klosterkirche von Maursmünster** (Hochsaison tgl. 9–17 Uhr) erreichbare ›archäologische Krypta‹ gibt Aufschluss über die Vorgängerbauten. Es scheint, als sei die Abtei auf den Fundamenten eines *römischen Tempels* erbaut worden, die Nahtstelle zwischen Antike und christlichem Mittelalter liegt greifbar vor Augen.

724 wurde das Kloster von Abt Maurus, dessen Namen es trägt, reformiert, 740 führte der hl. Pirmin die benediktinische Mönchsregel ein. Blütezeit war das 11. und 12. Jh. In dieser Zeit entstand die gewaltige, dreitürmige **Westfront**, der einzig erhaltene Rest der einstigen romanischen Kirche.

Prunkstücke der Abteikirche St. Peter und Paul sind vier Wandteppiche (15. Jh.)

Alles orientiert sich in Marmoutier auf das romanische Westwerk der Klosterkirche hin

Mächtig klingt der Baugedanke des karolingischen Westwerks nach, sensibel sind die Klarheit wuchtiger Stereometrie und die Feinheit der Flächen-Reliefierung gegeneinander ausbalanciert. Eine speziell elsässische Zutat ist die Vorhalle, die Dreierarkade des Portals greift noch einmal variierend die Proportionen des Ganzen auf.

Der Blick ins **Innere** überrascht, man vermutet angesichts solch reiner Romanik kein gotisches Kirchenschiff. Der Blick auf die südliche Außenseite der Kirche zeigt freilich auch, wie wenig die beiden Bauphasen tatsächlich miteinander zu tun haben. Das gleichwohl nicht minder qualitätvolle, schlank proportionierte gotische *Langhaus* entstand unter dem tatkräftigen Abt Johann I. (1253–88). Man beachte insbesondere auch die wunderbaren, botanisch genau zu identifizierenden Blattmotive der *Kapitelle*.

Schwere Zeiten für die Abtei waren das 14. bis 16. Jh. Das Kloster hatte unter der ungeschickten und gewaltsamen Politik seiner Vögte, die auf Burg Geroldseck residierten, sehr zu leiden, aber auch unter den Plünderungen und Zerstörungen während des Bauernkriegs. 1621 machten die Schweden im Dreißigjährigen Krieg der Abtei den Garaus. Aus all diesen Schwierigkeiten aber hat sich Marmoutier immer wieder wie Phönix aus der Asche erhoben. Zu einer letzten *Blütezeit* kam es im 18. Jh., bevor das Kloster schließlich in der Französischen Revolution aufgehoben wurde.

Vorher aber entstand ein **Chor**, der nur scheinbar mittelalterlich ist: Er wurde 1761–68 in gotisierenden Formen erbaut – ein interessantes Beispiel für eine frühe historisierende Architektur.

In der reichen **Ausstattung** zieht die höfische Dekorationskunst des Louisquinze alle Register des Zeitgeschmacks. Die reichen Schnitzereien von Chorgestühl und Hochaltar sind vom Feinsten, die Gemälde ebenfalls von beachtlicher Qualität. Auf dem Hochaltar glänzt ein Weihnachtsbild nach einem 1794 verlorenen Original von Peter Paul Rubens. Das Ganze bildet eine in jeder Hinsicht stimmige Einheit.

Im 18. Jh. entstand auch die berühmte **Orgel** von Andreas Silbermann. Sie wurde 1709 aufgestellt, nach dem Tod des Meisters 1746 von dessen Sohn Johann Andreas vollendet und ist neben der Orgel in Ebersmünster das einzige der rund 30 Instrumente dieses überragenden Orgelbauers, das weitgehend unverändert die Zeiten überdauert hat. Sie ist jeden Sonntag in der Messe um 10 Uhr zu hören. Im Mai und Juni sind diese **Messes à l'abbatiale** musikalisch besonders anspruchsvoll, ebenso wie die Konzerte jeden Sonntag in den Monaten Juli und August um 17 Uhr. 1955 musste die Orgel instand gesetzt werden. Die Arbeiten begleitete **Albert Schweitzer**, der sich dafür einsetzte, dass das Instrument um zwei Pedaltöne erweitert wurde. Dadurch sollten auch die Orgelwerke Johann Sebastian Bachs auf der Silbermann-Orgel gespielt werden können. Zuletzt wurde die Orgel 2011 von Quentin Blumenroeder aufwendig restauriert.

Nicht versäumen sollte man einen Besuch des Heimatmuseums **Musée du Patrimoine et du Judaïsme alsacien** (6, rue du Général Leclerc, Tel. 03 88 02 36 30, www.museedemarmoutier.fr, Mai/Juni, Okt. So/Fei 10–12, 14–18 Uhr, Juli–Sept. Mo–Sa 14–17 Uhr), das in einem repräsentativen Fachwerkhaus von 1590 untergebracht ist. Liebevoll detaillierte Führungen informieren über den Alltag und die handwerklichen Tätigkeiten vergangener Zeiten.

Um 1770 schnitzte Joseph Christian d. J. das Chorgestühl der Klosterkirche in Marmoutier

Marmoutier erfreut sich einer prächtigen Silbermann-Orgel von Vater und Sohn

Die Königin der Instrumente

Das Elsass präsentiert sich, dank des Wirkens des genialen **Andreas Silbermann** (1678–1734), als eine ›Orgellandschaft‹ eigener, überregional bedeutsamer Prägung. Es spielt zugleich als Ausgangspunkt der von Albert Schweitzer und Émile Rupp Anfang unseres Jahrhunderts initiierten und weit über die Landesgrenzen ausstrahlenden **Elsässischen Orgelreform** eine wichtige Rolle. Diese Bewegung hat Klangqualitäten historischer Orgeln neu entdeckt und die Geheimnisse alter handwerklicher Tradition auch für den modernen Orgelbau und die stilgerechte Wiedergabe alter Musik wieder fruchtbar gemacht.

Andreas Silbermann wurde in Sachsen geboren. Der gelernte Tischler arbeitete zunächst bei dem pfälzischen Orgelbauer Rinck. 1701 ließ er sich in Straßburg nieder, baute dort mit seinem Bruder Gottfried (1683–1753) die Orgel des Margarethenklosters und machte sich anschließend in Paris mit den Eigenheiten des französischen Orgelbaus vertraut.

Während sein Bruder im sächsischen Freiberg eine bemerkenswerte Orgeltradition begründete, schuf Andreas Silbermann im Elsass einen Orgeltypus, der deutsche und französische Klangeigenschaften zu einer harmonischen Synthese verband. **Charakteristisch** sind u.a. die auch im Prospekt (Schauseite) der Orgeln sichtbare dialogische Gegenüberstellung von Hauptwerk und Rückpositiv, der weiche, helle ›Silberglanz‹ der Mixturen (Obertonmischungen) und der kraftvolle Chor typisch französischer Zungenstimmen (Trompette, Cromorne). Silbermanns Werk wurde weitergeführt durch seinen Sohn Johann Andreas (1712–83) sowie zahlreiche weitere Nachkommen und Familienangehörige. Die bedeutendsten von Andreas Silbermann ganz oder teilweise erhaltenen bzw. restaurierten und rekonstruierten Orgeln befinden sich in Marmoutier (1709), Straßburg (Münster, 1716), Altdorf (1730) und Ebersmünster (1732).

Eine spezielle Abteilung widmet sich dem elsässischen Landjudentum. Das Obergeschoss des Hauses diente zeitweise als Synagoge, im Hinterhaus hat sich das jüdische Ritualbad (*Mikwe*) erhalten.

Couvent de Reinacker

Nur wenige Kilometer östlich verdient bei Reutenbourg die **Wallfahrtskapelle Reinacker** Beachtung. Wohl schon seit dem 9. Jh. ist sie das Ziel von Pilgern. Die heute von Franziskanerinnen bewirtschaftete Anlage stammt größtenteils aus dem 15. Jh. Bemerkenswert sind die schönen Kapitelle und Skulpturen aus dieser Zeit in der kleinen, dreischiffigen Hallenkirche.

i Praktische Hinweise

Information

Office de Tourisme, 1, rue du Général Leclerc, Marmoutier, Tel. 03 88 71 46 84, www.paysdemarmoutier.eu

Hotel

Au Chasseur, 7, rue de l'Eglise, Birkenwald, Tel. 03 88 70 61 32, www.chasseurbirkenwald.com. Angenehmes Hotel, 9 km südlich von Marmoutier gegenüber dem 1562 erbauten Schloss gelegen, mit Wellness-Oase, Garten, schöner Aussicht und landestypischer Küche (Restaurant Mo geschl.).

22 Rocher de Dabo

Der Felsen, auf dem im 11. Jh. ein Papst geboren wurde.

Von Marmoutier sind es auf kurvenreichen Straßen knapp 30 km nach Westen zum bereits lothringischen *Rocher de Dabo*. Der mit 587 m höchste Berg dieses Teils der Vogesen kann bequem per Auto ›erobert‹ werden. Die Aussicht ist beeindruckend. Auf dem Postament des tischförmigen **Sandsteinfelsens** erhebt sich an der Stelle des nicht mehr vorhandenen Schlosses der Familie von Dabo oder Dagsburg heute eine **Kapelle** (April–Sept. tgl. 10–18 Uhr, über Stufenweg zu erreichen), die dem prominentesten Spross dieses Geschlechtes gewidmet ist: Hier wurde im Jahre 1002 **Bruno von Egisheim-Dagsburg** geboren, der spätere Bischof von Toul, der als Papst Leo IX. in die Kirchengeschichte einging und schon kurz nach seinem Tod 1054 als Heiliger verehrt wurde.

Wangenbourg

Die Region um den Dabo ist ein reizvolles **Wandergebiet** (Infos beim Touristbüro in Wangenbourg). An Sehenswürdigkeiten ist vor allem östlich die stolze *Wangenbourg* (13. Jh.) zu nennen, die der Äbtissin von Andlau gehörte. Von ihrem 24 m hohen, fünfeckigen Bergfried bietet sich ein weiter Blick über das Mossigtal. Gleich in der Nachbarschaft erhebt sich die Ruine des 1408 zerstörten *Freudeneck*.

Obersteigen

Zwischen dem Dabo und der Wangenbourg lohnt die schöne frühgotische **Kapelle** im kleinen Ort Obersteigen einen Besuch. Die Kapelle war Teil eines um 1220 gegründeten Klosters der *Fratres Hospitalis de Steiga* (Steigerherren). Die Kongregation wurde 1483 aufgelöst, worauf bis 1507 Dominikanerinnen, später Augustinerchorherren hier lebten und wirkten. Im 19. Jh. wurden die Reste der Anlage restauriert. Typisch für den ›Übergangsstil‹ zwischen Romanik und Gotik sind Bandrippen, Schaftringe und Birnstabprofile an Gewölben und Pfeilern.

Wasselonne/Wasselnheim

Die Bischöfe von Straßburg bauten Wasselonne an den östlichen Ausläufern der Vogesen zur **Festung** aus. Ihr Schloss und die Befestigungsanlagen aus dem 17. Jh. sind nur teilweise erhalten. Die kleine Ortschaft war ursprünglich eine fränkische Gründung, wurde aber nach der Reformation ein mächtiger Stützpunkt des evangelischen Glaubens. Für die 1745–57 errichtete **evangelische Kirche** erstand die Gemeinde eine 1745 datierte **Silbermann-Orgel** aus Gebweiler.

i Praktische Hinweise

Information

Office de Tourisme Intercommunal La Suisse d'Alsace, 32 A, rue du Général de Gaulle, Wangenbourg-Engenthal, Tel. 03 88 87 33 50, www.suisse-alsace.com

Hotels

Au Saumon, Wasselonne, 69, rue du Général de Gaulle, Tel. 03 88 87 01 83, www.saumon-wasselonne.com. Hotel wie Küche sind preiswert und gut (So, Mo und Di abend sowie Mi geschl.).

Hostellerie Belle Vue, 16, route du Dabo, Obersteigen, Tel. 03 88 87 32 39, www.hostellerie-belle-vue.com. Komfortable Bleibe mit Park und Restaurant (Mo und So abend geschl.).

Den pittoresken Reiz verdankt Wasselonne auch seinen bunten Schindeldächern

Strasbourg – eine europäische Metropole

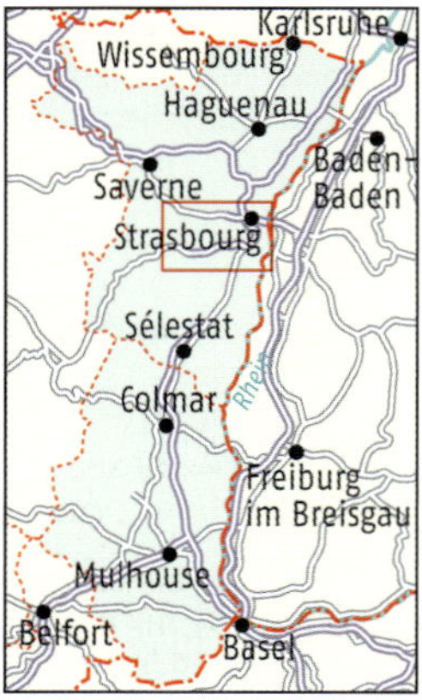

Die größten und wichtigsten Städte am Oberrhein – Basel, Freiburg und Straßburg – gehören unterschiedlichen Staaten an. Doch sie haben eine Menge gemeinsam: Liebenswürdiger, kleinstädtischer Charme paart sich mit kosmopolitischer Offenheit. Allen drei Städten blieb ein bemerkenswertes **historisches Stadtbild** erhalten. Architektonisch und stilistisch Vergleichbares erinnert ebenso an den gemeinsamen **kulturellen Hintergrund** wie der alemannische Dialekt.

Straßburg, die **Hauptstadt** des *Département Bas-Rhin*, ist mit fast 280 000 Einwohnern die größte unter diesen oberrheinischen Städten. Sie, die vielfach gebeutelte Grenzstadt zwischen Frankreich und Deutschland, wurde zum Sitz von **Europarat** und **Europäischem Parlament** erwählt – ein Zeichen für das neuere Bewusstsein einer Zusammengehörigkeit, die Identität und Gemeinsamkeit aus dem Erbe von Vielfalt und Verschiedenheit gewinnt.

1988 wurde das gesamte Stadtzentrum Straßburgs, die sog. Grand Ile, von der UNESCO zum Weltkulturerbe erklärt – als erstes Stadtzentrum in Frankreich, dem diese Ehre zuteil wird.

Dabei ist Straßburg alt und jugendlich zugleich, administratives und wirtschaftliches **Zentrum** mit bemerkenswerten kulturellen Angeboten und Hochschulen sowie Museen von überregionalem Rang.

23 Strasbourg
Straßburg

Hauptstadt der Region und Brennpunkt elsässischer Geschichte.

Bei einem Rundgang begegnet man auf Schritt und Tritt den Spuren der höchst wechselvollen Geschichte der Stadt, die sich heute als charmante europäische Metropole präsentiert.

Geschichte Frühe menschliche Spuren aus grauer Vorzeit fanden sich im nahen Schiltigheim und im Straßburger Vorort Königshofen.

Der Name ›Straßburg‹ begegnet erstmals 580 bei Gregor von Tours als **Strateburgum** und verweist auf einen befestigten Ort an verkehrstechnisch wichtiger Stelle. Zwischen zwei uralten Handelsstraßen bildete die Ill im verzweigten Stromsystem der Rheinebene eine trefflich zur Befestigung geeignete Insel. Die Ill aber hieß in keltischer Zeit ›Argens‹

Dreh- und Angelpunkt: die Place de la Cathédrale mit der Maison Kammerzell

und hiervon leitet sich der ältere, von den Römern übernommene Name der Stadt ab: **Argentorate** bedeutet demnach so viel wie ›Befestigung inmitten des Wassers‹. Aus dem ›Castrum‹ entwickelte sich bald eine blühende Stadt. Das auf zwei Seiten durch Ill-Arme umgrenzte Rechteck des antiken Militärlagers war durch die folgenden Eckpunkte bestimmt: Place Kléber, Pont du Téâtre, Pont St-Guillaume und Pont du Corbeau. Auf dem restlichen Insel-Terrain entwickelte sich die zivile Siedlung. Nachdem 260 n. Chr. der Limes aufgegeben worden war, gewann Straßburg, nun als Grenzstadt, neue strategische Bedeutung. Erst 406/7 gaben die Römer auch die Rheingrenze auf und zogen sich in den sonnigen Süden zurück.

Ein 410 eingerichteter Grafensitz vermochte die Stadt nicht zu schützen, 451 ließ Attila sie in Flammen aufgehen. Mit der **Frankenherrschaft** stabilisierte sich 496 die Lage. Straßburg und sein Umland wurden zu beliebten Aufenthaltsorten der Merowingerkönige.

Das **Christentum** breitete sich seit dem 4. Jh. aus, der erste Bischof soll den Namen Amandus gehabt haben – seine Kirche stand möglicherweise dort, wo sich heute Alt-St.-Peter befindet. Mit der Etablierung eines Herzogssitzes um 640 avancierte Straßburg zur regionalen Hauptstadt. Übrigens entspricht die heutige Trennung zwischen den *Départements Bas-Rhin* und *Haut-Rhin*, der sog. ›gallische Landgraben‹ zwischen Sélestat und Colmar, ziemlich exakt der historischen Trennung zwischen den Machtbereichen des Straßburger und des Basler Bischofs.

Bei der Teilung des Karolingerreichs kam das Elsass zum Mittelreich Lotharingien, das jedoch bald seinerseits aufgeteilt wurde. Das Dokument jener Teilung, die berühmten **Straßburger Eide**, die 842 von Ludwig dem Deutschen und Karl dem Kahlen abgelegt wurden, gelten als die ältesten Sprachdenkmäler einer neuen Zeit. Sie waren nicht mehr in Latein abgefasst, sondern im (damals) modernen Deutsch und Französisch. 870 fiel das Elsass mit Straßburg an das Ostreich, das spätere ›Heilige Römische Reich deutscher Nation‹. Der eigentliche Machthaber aber blieb bis zum 12. Jh. der Bischof. Dann jedoch wurde das Streben des sich emanzipierenden wohlhabenden Bürgertums vom Kaiser durch die Erhebung Straßburgs zur **Freien Reichsstadt** bestärkt und bestätigt.

Eine kulturelle **Blütezeit** erlebte Straßburg unter den Staufern. Konflikte zwischen Bürgerschaft und Bischof bestimmten das 13. Jh. Die Straßburger besiegten ihren Bischof 1262 in der Schlacht bei Hausbergen. Seither zog dieser es vor, in Zabern zu residieren [s. S. 36]. Er erkannte die Autonomie der Stadtregierung an und der Kaiser bestätigte die früheren Privilegien. Fortan nahm die **Bürgerschaft** den Bau des Münsters selbst in die Hand und gründete als städtische Bauhütte das ›Werk Unserer Lieben Frau‹.

Soziale Spannungen, die Entmachtung und Vertreibung des Adels, Judenpogrome, aber auch eine bemerkenswerte geistige und kulturelle Blüte markierten den Übergang vom Mittelalter zur Neuzeit. Der gelehrte Dominikaner Meister Eckhart predigte von 1313 bis 1323 in Straßburg seine freiheitlich pantheistische ›Theologie der Mystik‹. Die ›Ketzereien‹ des Mystikers bereiteten der Reformation ebenso den Boden wie die neue Technik des **Buchdrucks**, die Johannes Gutenberg seit 1440 in Straßburg einführte. Die Stadt wurde damit europaweit führend im Buchgewerbe. Humanisten und bedeutende Prediger machten von sich reden, Goldschmiedekunst und Wirkerei strahlten weithin aus.

So war denn der Boden für eine neue Zeit bereitet. Die Stadt wurde zu einer Hochburg der **Reformation** – 1538 fand hier Johann Calvin Zuflucht–, woran sich auch nach der Übernahme durch Frankreich nichts änderte. Freilich kamen nun auch wieder der Bischof und die Katholiken zu ihrem Recht: Vier Kardinäle aus der hochfürstlichen Familie Rohan residierten im 18. Jh. in Straßburg, nachdem General Louvois 1681 die Stadt erobert und der Vertrag von Rijswijk 1697 die Angliederung im Sinne der Réunions-Politik Ludwigs XIV. besiegelt hatte.

Höfische Architektur und Kunst aus Paris fanden Eingang, und auch fortifikatorisch wurden neue Akzente gesetzt: Reste der großartigen Befestigungsanlagen blieben erhalten, mit denen Vauban, der Festungsbaumeister Ludwigs XIV., Straßburg ausgestattet hat.

Auch die **Französische Revolution** fand im freiheitsliebenden, weltoffenen, aufgeschlossenen Straßburg rasch begeisterte Anhänger. Hier erklang erstmals

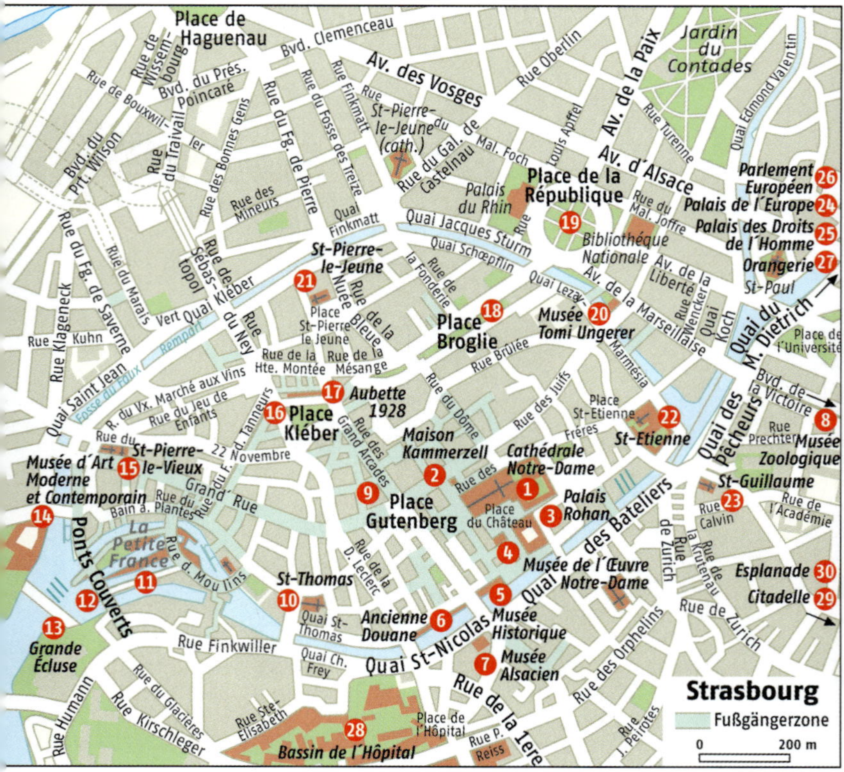

Überragend – Blick von Nordwesten auf das Straßburger Münster inmitten der Altstadthäuser

die Marseillaise, und das Münster wurde zum ›Tempel der Vernunft‹ umfunktioniert. Der frühere Franziskanermönch Eulogius Schneider etablierte unter dem Motto von *Liberté, Egalité, Fraternité* ein gottlob nur kurzlebiges Schreckensregiment – 235 gotische Skulpturen fielen dem fundamentalistischen Bildersturm der Revolutionäre zum Opfer.

Unersetzliches ging auch 1870, im **Deutsch-Französischen Krieg**, verloren. Die Bestände des Museums für Malerei und Plastik und die der Stadtbibliothek wurden ein Opfer der Flammen. Von 1871 bis 1918 war Straßburg dann **Hauptstadt** des Reichslandes Elsass-Lothringen, 1918 wurde es wieder französisch, 1940 von den Nazis erobert, vier Jahre später von den Alliierten bombardiert und fiel im November desselben Jahres wieder an Frankreich. Heute ist die Stadt Sitz des **Europarats** und einer der Tagungsorte des **Europäischen Parlaments**.

Besichtigung Der folgende Rundgang beginnt beim Münster und verläuft innerhalb des von der Ill umschlossenen Altstadt-Areals im Uhrzeigersinn.

TOP TIPP Cathédrale Notre-Dame/ Münster Unserer Lieben Frau 1

Wer sich von der Place Gutenberg aus vorbei an Souvenirshops, fotografierenden Touristen und duftenden Sauerkraut-Kaschemmen durch die Rue Mercier der Kathedrale (www.cathedrale-strasbourg.fr, tgl. 7–11.20 und 12.35–19 Uhr;

Mitte Juli–Aug. tgl. 14 Uhr Führung in dt. Sprache) nähert, ist fasziniert von der gewaltig aufragenden **Fassade** mit ihrer im Abendlicht sandsteinrot glühenden ›Harfenbespannung‹, der berühmten Fensterrose, den drei wimpergbekrönten Figurenportalen und dem asymmetrisch aufragenden, 142 m hohen Turm, den zu besteigen sich lohnt. Von der in 66 m Höhe liegenden **Plattform** (April–Sept. tgl. 9–19.15 Uhr, im Sommer Fr/Sa auch länger, Okt.–März tgl. 10–17.15 Uhr) ist die Aussicht über Straßburg grandios.

Der im Frauenhaus-Museum [s. S. 61] aufbewahrte sog. ›Riss B‹ belegt, dass ursprünglich eine zweitürmige Fassade vorgesehen war, wie sie dem Typus der französischen Kathedralen entsprach.

Der bestehende Bau ist – nach einem karolingischen und einem frühromanischen – der dritte an gleicher Stelle, im Osten romanisch begonnen, nach dem Brand von 1176 im Westen gotisch vollendet, mit Erwin von Steinbachs einzigartiger Fassade (1284–1318).

Der frühromanische Vorgänger, von dem Teile im östlichen Bereich des Münsters (Krypta) erhalten sind, hatte wohl Vorbildfunktion im Elsass. Gegen Ende des 14. Jh. fügte ein Meister aus der berühmten Parler-Familie zwischen die unvollendeten gotischen Türme ein blockhaftes drittes Geschoss, sodass die Fassade nun westwerkartig emporwuchs. Der Stilwandel gegenüber der filigranen Feinheit des 13. Jh. ist unübersehbar.

Wahrscheinlich war ein darüber aufragender Mittelturm geplant, doch nach einem abermaligen Planwechsel setzte ab 1399 der Ulmer Münsterbaumeister **Ulrich von Ensingen** einen der beiden ursprünglich vorgesehenen Türme auf die Fassade. Schlanke, durchsichtige Treppentürme begleiten an den Ecken dessen durchbrochenes Oktogon. Das Ganze hat Ulrichs Nachfolger, **Johann Hültz** aus Köln, mit einem eigenwillig aus kleinen Türmchen zusammengesetzten Helm bekrönt.

Besondere Aufmerksamkeit verdienen die zu einer großartigen Dreierkomposition verschmolzenen **Westportale [A]**. Ihr reiches, von der französischen Kathedralskulptur beeinflusstes Figurenprogramm wurde formal und inhaltlich vorbildlich für die deutsche Plastik nach 1300. Es vergegenwärtigt die gesamte Heilsgeschichte, zeigt links im Tympanon Szenen aus der Kindheit Jesu, im Gewände Tugenden, die auf besiegten Lastern stehen, in der Mitte Propheten und Passionsszenen, Schöpfungsgeschichte, Ostern und Himmelfahrt, rechts die klugen und törichten Jungfrauen mit dem Himmlischen Bräutigam und seinem Gegenspieler, dem ›Fürsten der Welt‹. Der

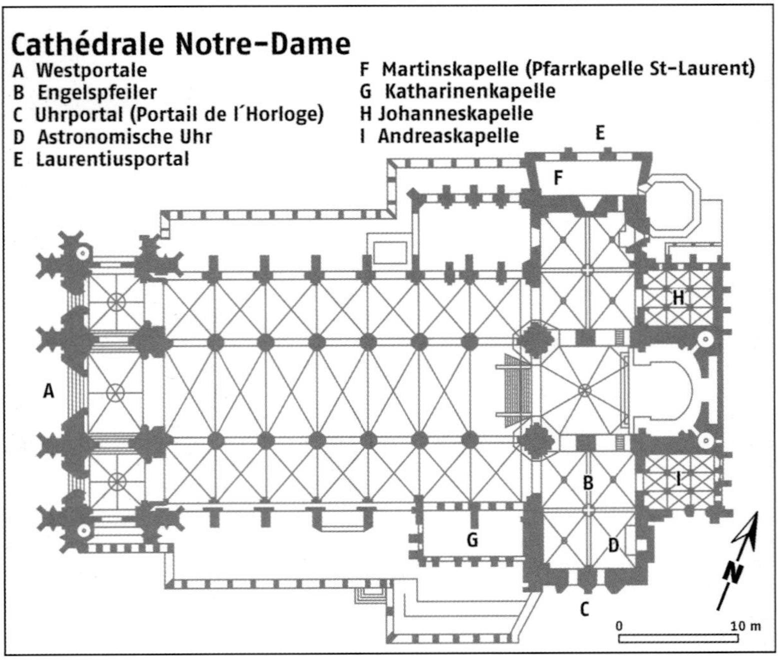

Das Hauptportal an der Westfassade des Münsters mit grandiosem Figurenprogramm

damit symbolisierten Polarität der Entscheidung zwischen Gut und Böse entspricht im Tympanon die Vision des Jüngsten Gerichtes. Die heilsgeschichtliche Utopie basiert auf den irdischen Rhythmen der Monatsdarstellungen in der Sockelzone. Über dem Hauptportal hat Salomon auf dem Thron der Weisheit Platz genommen, begleitet von 12 Aposteln und 12 Löwen, die für die Stämme Israels stehen.

Das dreischiffige, makellos proportionierte **Innere** entspricht dem, was das Äußere ankündigt. Dem Querschnitt liegt ein gleichseitiges Dreieck zugrunde, die Proportionen sind also weniger steil als bei den französischen Kathedralen. Zur Vierung hin verdunkelt und verdichtet sich die helle, weite Leichtigkeit des gotischen Raums. Chor und Querschiff, auf den Fundamenten des 11. Jh. errichtet, zeigen noch romanische Formen. Mit der Einwölbung des Langhauses fand der Bau 1275 seine Vollendung.

Ein besonderer Schatz sind die **Glasmalereien**. Sie gehören zu den wenigen weitgehend vollständig erhaltenen Zyklen mittelalterlicher Glasfensterkunst. Sie sind, im Ganzen wie im Detail, von erlesener Qualität, ihr mystisches Glühen vermittelt einen einigermaßen originalen Eindruck des ursprünglichen Erscheinungsbildes hochgotischer Kathedralräume.

Da ist die Folge der Kaiserfenster im *nördlichen Seitenschiff* – die beiden westlichen Fenster enthalten noch romanische Scheiben –, dann die Reihe der Vorfahren Christi im Triforium, schließlich die Prozession der Päpste, Diakone, Krieger und Straßburger Bischöfe im Oberga-

Mittelalterliche Glasfensterkunst ist bis heute im Straßburger Münster zu bewundern

den. Nicht alles ist original, manches das Ergebnis von Restaurierungen des 19. Jh., insgesamt aber ist der Eindruck einheitlich. Im *südlichen Obergaden* finden sich die weiblichen Pendants, heilige Frauen und Jungfrauen, im *südlichen Seitenschiff* Marien- und Christuszyklen.

Der *Westen* ist traditionsgemäß der Welt und der Apokalypse gewidmet. Im letzten Joch ist das Jüngste Gericht dargestellt, in den Fenstern des Westbaus anschließend Christus als Weltenrichter.

Die Rose des *nördlichen Querhausarmes* zeigt Grisaillen des 14. Jh. In den Rosen des *südlichen Querhausarmes* sind links Szenen des Alten Testamentes solchen des Neuen gegenübergestellt (1230–40). Die wunderbare *Fensterrose* im *Westen* hat einen Durchmesser von 15 m und ist mit Glasmalerei des 19. Jh. ausgefüllt. Einen vergleichsweise lauten Akzent setzt das 1956 entstandene Marienfenster von Max Ingrand im gegenüberliegenden Chorscheitel.

Von der **Ausstattung** sind vor allem die 1484–85 von Hans Hammer geschaffene *Kanzel* erwähnenswert sowie die als ›Schwalbennest‹ an der Hochschiffwand angebrachte *Münsterorgel* (1716) von Andreas Silbermann. Die Tribüne entstand bereits 1385 und der Orgelprospekt im 15. Jh. Ihn schmücken Figuren von Simson, einem Herold und einem ›Rohraffen‹, wobei die beiden Letztgenannten vom Orgelspieltisch aus szenisch bewegt werden konnten. Gleichfalls besondere Aufmerksamkeit verdienen der *Taufstein* von Jodokus Dotzinger (1435) und an der Wand des linken Querschiffes die 1498 ursprünglich für den Friedhof von St. Thomas geschaffene *Ölberggruppe*, die seit 1667 im Münster steht.

Jedes Jahr zur Fronleichnamszeit werden die 14 kostbaren *Teppiche* aus dem 17. Jh. mit Szenen aus dem Marienleben ausgestellt, die einst Notre-Dame in Paris gehörten, 1739 jedoch vom Straßburger Domkapitel erworben wurden.

Von besonderem Interesse ist die staufische **Architektur** der beiden Querhausarme, die nach dem Brand von 1176 gebaut wurden. Durch die Einstellung je

Oben: *Blick ins Münster-Hauptschiff mit ›Schwalbennest‹-Orgel an der linken Wand*
Unten: *Bildhauerische Vollendung des späten 15. Jh. zeigt die Kanzel aus hellem Sandstein*

eines Mittelpfeilers entstanden zwei Zentralräume. Der Pfeiler des südlichen Querhausarms wurde – nachträglich – zum Träger eines einzigartigen Skulpturenprogramms. Dieser sog. **Engelspfeiler [B]** steht inhaltlich in enger Verbindung mit dem Süd- oder **Uhrportal [C]** (*Portail de l'Horloge*), dessen Figurenprogramm zwar in der Französischen Revolution weitgehend zerstört, jedoch in einem Stich von 1617 überliefert und im 19. Jh. entsprechend ergänzt wurde. Es bezieht sich wie der Pfeiler mit den Evangelisten, den Posaunen blasenden Engeln, den Auferstehenden und dem thronenden Christus auf das Jüngste Gericht. Der Platz vor dem Doppelportal diente im Mittelalter als Gerichtsstätte.

Zwischen den Portalen thront wie an der Westfassade der weise Richter Salomon, darüber Christus. An den Gewänden sind die berühmten Figuren von **Ecclesia** und **Synagoge** einander gegenübergestellt. Sie sind wie die Figuren der Tympana und die des Engelspfeilers 1230–35 entstandene Werke eines unbekannten, hoch begabten Meisters. Häufig wurde im Mittelalter die ›Verliererin‹ Synagoge mit zerbrochenem Stab und Binde über den Augen eher negativ, mitunter sogar ausgesprochen ›antisemitisch‹ stilisiert. Umso bemerkenswerter ist in Straßburg die melancholische Würde und Anmut, die die Verkörperung des Judentums ebenso auszeichnet wie ihre neutestamentliche Schwester Ecclesia.

Nicht fehlen darf ein Hinweis auf die 1547 von Bernhard Nonnenmacher, Hans

Nobles Palais Rohan – so residierten Fürstbischöfe zu Beginn des 18. Jh.

Thomas Uhlberger (Gehäuse und Bekrönung), Konrad Dasypodius, David Wolkenstein (Mechanik) und Tobias Stimmer (Malerei) geschaffene, 1838–42 von Jean-Baptiste Schwilgué von Grund auf erneuerte, kunstvolle **Astronomische Uhr [D]**. Jeden Mittag um 12.30 Uhr lockt sie Scharen von Touristen an mit ihrer Prozession bewegter Figuren. Ab 12 Uhr ist hier wochentags auch ein kleiner Film über die Uhr und ihre Geschichte zu sehen.

Auch der **nördliche Querhausarm** weist ein überaus bemerkenswertes Portal auf, das **Laurentiusportal [E]**. Es ist, von seinem südlichen Pendant denkbar verschieden, ein reiches, filigranes Meisterwerk spätgotischer Steinmetzkunst um 1500. Laurentius und andere Heilige sind zusammen mit der Szene der Anbetung der Heiligen Drei Könige unter einem Baldachin zu sehen.

Im **Kircheninnern** sei noch ein Blick in die Kapellen geworfen, die Chor und Querschiff flankieren. Da ist auf der Nordseite zunächst die ehem. **Martinskapelle [F]** (heutige Pfarrkapelle St-Laurent) mit ihrem wunderschönen Netzgewölbe und Glasfensterteilen, die aus der ehem. Dominikanerkirche stammen. Ihr südliches Gegenstück, die 1349 geweihte **Katharinenkapelle [G]**, enthält Skulpturen und Fenster aus dem 14. Jh.

Kostbar verzierte Uhr an der Fassade des Münster-Querschiffs

Links vom Chor bildet die spätstaufische **Johanneskapelle [H]** den Sockel des darüberliegenden Kapitelsaals. Die Kapelle enthält zwei bedeutende Grabmäler: das des Bischofs Konrad von Lichtenberg († 1299) und das des Kanonikus Busnang, das als Werk des Nikolaus Gerhaert signiert und 1464 datiert ist. Die südlich an den Chor angrenzende **Andreaskapelle [I]** ist ein kryptaartiger Raum aus dem 12. Jh. Darüber erhebt sich eine Sängertribüne mit kunstvoller Balustrade und lebensnah gestaltetem Bildnis eines Mannes (1493), möglicherweise des Künstlers Nicolaus von Hagenau. Erhalten geblieben sind zwei **Krypten** unter Chor und Vierung. Nicht mehr vorhanden ist dagegen der Lettner, von dem sich Teile im hiesigen Frauenhaus-Museum, aber auch im Metropolitan Museum in New York befinden.

Wichtige Profanbauten und Museen

Unter den mittelalterlichen Häusern am Münsterplatz, der *Place de la Cathédrale*, ist die prachtvolle **Maison Kammerzell** 2 nicht zu übersehen. Das nach einem Besitzer im 19. Jh. benannte, mehrmals restaurierte Fachwerkhaus wurde an städtebaulich exponierter Stelle 1589 von dem Kaufmann Martin Braun auf dem Erdge-

schoss von 1467 errichtet. Es ist reich mit Motiven des Tierkreises, der fünf Sinne, der Lebensalter, diverser Helden sowie Allegorien der Tugenden verziert. Das Haus beherbergt heute ein viel besuchtes Restaurant. Man beachte an der Place de la Cathédrale auch die Häuser Nr. 9 ›Zum Külen Luft‹, Nr. 10 ›Pharmacie du Cerf‹ mit dem Erdgeschoss aus dem 15. Jh. sowie Nr. 22–24.

Im Süden, zwischen Münster, Place du Château und Ill, öffnet sich der Ehrenhof des mächtigen **Palais Rohan** 3, der 1732–42 nach Plänen des königlichen Architekten Robert de Cotte (1656–1735) von Joseph Massol erbauten Fürstbischöflichen Residenz. Das ganz nach Art eines französischen Palais *entre cour et jardin*, zwischen Vorplatz und Garten, konzipierte Schloss erhebt sich an der Stelle des mittelalterlichen Bischofspalastes. Sehenswert ist auch die Gartenfront an der Ill-Terrasse.

Höchst bemerkenswert sind der ebenso feine wie zurückhaltende skulpturale Schmuck der Fassade sowie die Ausstattung der Innenräume. Im Erdgeschoss und im rechten Seitenflügel sind die reichen Sammlungen des **Musée des Arts Décoratifs**, des Museums für Kunsthandwerk, untergebracht, das u. a. für seine Keramiksammlung geschätzt wird. Die Keller des Schlosses sind dem ausgezeichnet bestückten **Musée Archéologique** gewidmet. Der 1. und der 2. Stock beherbergen die Sammlung historischer Gemälde des **Musée des Beaux-Arts**, das Hochkarätiges u. a. von Giotto, Botticelli, Goya und Delacroix bietet (Mi–Mo 10–18 Uhr; alle Museen: www.musees.strasbourg.eu).

Ein weiteres bedeutendes Museum, dessen Name sich von der Münsterbauhütte ›Unserer Lieben Frau‹ herleitet, ist gleich nebenan das **Musée de l'Œuvre Notre-Dame** 4 (Tel. 03 68 98 51 60, 3, place du Château, www.musees.strasbourg.eu, Di–So 10–18 Uhr), das **Frauenhaus-Museum**. Es ist die wichtigste Sammlung für die fruchtbare und reiche Kunst des Mittelalters am Oberrhein und von daher für jeden, der sich mit der Kultur des Elsass befasst, ein absolutes ›Muss‹. Es gibt u. a. viele im Münster durch Repliken ersetzte Originalskulpturen zu bewundern. Die Gemäldesammlung enthält bedeutende Arbeiten von Konrad Witz und Hans Baldung Grien. Darüber hinaus ist aber auch die Architektur bemerkenswert. Im Kern gotisch, wurde das Gebäude in der Renaissance 1578–82 umgebaut und zeigt beachtenswerte räumliche und skulpturale Details.

TOP TIPP

Ein Haus weiter, an der Place du Château Nr. 5 befindet sich das Grafische Kabinett **Cabinet des Estampes et des Dessins** (Tel. 03 88 52 50 00, nur nach vorheriger Anmeldung).

Vergnügliches Flanieren und Dinieren in den pittoresken Gassen von La Petite France

In unmittelbarer Nähe von Rohan-Schloss und Frauenhaus führt der *Pont du Corbeau* über die Ill. Vor dem Übergang ist linker Hand an der *Place de la Grande-Boucherie* in der *Ancienne Boucherie*, dem ehem. Schlachthaus ›Metzig‹, einem 1586–88 entstandenen Bau von Hans Schoch, das **Musée Historique** 5 (2, rue du Vieux Marché aux Poissons, Di–So 10–18 Uhr) untergebracht. Es vermittelt einen lebendigen Überblick über die Stadtgeschichte Straßburgs. Besonders eindrucksvoll ist das prachtvolle Stadtmodell von 1725–27.

Gegenüber in der **Ancienne Douane** 6 (1, rue du Vieux Marché aux Poissons), dem mittelalterlichen ›Kaufhüs‹, werden gelegentlich *Wechselausstellungen* gezeigt. Zudem ist ein Restaurant in den Bau eingezogen. Jenseits der Ill, dem ›Kaufhüs‹ unmittelbar gegenüber, ergänzt am Quai St-Nicolas 23–25 das Heimatmuseum **Musée Alsacien** 7 (Mi–Mo 10–18 Uhr) das reiche Straßburger Museumsspektrum. Es präsentiert anschaulich Sammlungen zu Volkskunst und Volkskunde. Themen sind Weinbau, Handwerk, Textilien, Spielzeug, Apotheke, Bauernstube, jüdische Kultgegenstände sowie Erinnerungsstücke an den in Straßburg geborenen Reformpädagogen Johann Friedrich Oberlin.

Zwischen *Universität* und *Botanischem Garten* liegt im Osten der Stadt am Boulevard de la Victoire das zweistöckige **Musée Zoologique** 8 (Tel. 03 68 85 04 85, Mi–Mo 10–18 Uhr). Es ist, nach Paris, das bedeutendste Museum seiner Art in Frankreich mit Exponaten von den Anden bis zur Arktis.

St-Thomas und La Petite France

Es lohnt sich, auf dem Weg vom Münster nach Westen in den zahllosen kleinen und größeren Altstadtgassen nach sehenswerten Fachwerkhäusern Ausschau zu halten. Immer neue Details und reizvolle Ensembles werden ins Blickfeld treten. Zunächst erreicht man die großzügig angelegte **Place Gutenberg** 9 mit der Statue des großen Erfinders von David d'Angers (1840). Dort interessiert vor allem die **Chambre de Commerce**, der sog. ›Neue Bau‹. Er wurde 1582–85 von Hans Schoch als Rathaus erbaut. In der Französischen Revolution stürmte ihn die Bevölkerung, danach wurde der mächtige Dreiflügelbau zur Handelskammer umfunktioniert. Seine strenge, klar proportionierte Fassade gehört zum Besten, was die Profanarchitektur jener Zeit hervorgebracht hat.

Die Rue des Serruriers quert die Route de la Division Leclerc und führt zu **St-Thomas** 10 (April–Okt. tgl. 10–18, Mitte Febr., März und Nov./Dez. 10–17 Uhr), der nach dem Münster größten Kirche der Stadt. Ihre Ursprünge gehen auf das 7. Jh. zurück, die heutige Kirche ist die dritte an gleicher Stelle, 1196 nach einem Stadtbrand errichtet. Aus dieser Zeit stammt noch die wehrhaft-wuchtige Fassade mit ihrem Mittelturm. Querhaus und Chor stammen aus den Jahren 1270–73, das 2. Turmgeschoss entstand 1366. Das ursprünglich dreischiffige Langhaus wurde nach 1300 zur fünfschiffigen Halle erweitert und gotisch eingewölbt. Ein Vierungsturm kam 1348 hinzu, Kapellen wurden im 15./16. Jh. angefügt.

Neben einigen qualitätvollen Bauskulpturen um 1235, Resten von Glasmalerei aus dem 14. Jh., Altar und Silbermann-Orgel aus den 40er-Jahren des 18. Jh. sind vor allem zahlreiche Grabmäler zu er-

wähnen. Darunter sind u.a. in der Sakristei der um 1130 entstandene Sarkophag des Gründer-Bischofs Adeloch (768–823), im nördlichen Querhaus das Grabmal des ›Narrenschiff‹-Autors Sebastian Brant (um 1458–1521) und das des Pädagogen Johann Friedrich Oberlin (1740–1826).

Blickpunkt aber ist das früher als monströs geschmähte, heute von den Kunsthistorikern als Hauptwerk der französischen Sepulkralkunst des 18. Jh. gepriesene Prunkgrab des königlichen Generalfeldmarschalls Moritz von Sachsen, **Mausolée du Maréchal de Saxe.** Der 1696 in Goslar geborene Sohn Augusts des Starken und der Gräfin Aurora von Königsmarck hatte sich im österreichischen Erbfolgekrieg als französischer Feldherr verdient gemacht. Nach seinem Tod 1750 bestellte Ludwig XV. höchstpersönlich ein Grabmonument beim damals bedeutendsten Bildhauer der Hauptstadt, Jean-Baptiste Pigalle.

Interessant ist die ausgesprochen dramatische *Ikonographie*: Besiegt liegen Löwe (Holland), Leopard (England) und Adler (Österreich) der steilen Pyramide zu Füßen, weinend entflieht ein Putto mit gelöschter Fackel, der Feldherr indes steigt todesmutig hinunter ins Grab. Verzweifelt sucht ihn eine mäßig bekleidete Frau (Frankreich) zurückzuhalten, doch es hilft nichts: Schon lüpft der Tod den Sargdeckel und Herkules versinkt in brütende Traurigkeit.

Von St-Thomas sind es nur ein paar Schritte ins kanaldurchzogene Gerberviertel. Dieses **Quartier des Tanneurs** liegt rings um die alte Rue du Bain-aux-Plantes (Pflanzbad). Wahre Heerscharen von Touristen besuchen hier **La Petite France** 11 mit seinen zahlreichen malerischen Winkeln, mit alten Mühlen und reizvollen Brücken, aufwendigen und einfacheren, aber allemal pittoresken Häusern, reich verzierten Balkonen, Galerien und Innenhöfen und nicht zuletzt ausnehmend hübschen Kneipen, die zur Einkehr laden.

Das Wasser, das sich in diesem elsässischen Klein-Venedig‹ verzweigt, strömt unter den **Ponts Couverts** 12 herbei. Diese gedeckten Brücken überspannen die vier Arme der Ill mit ihren vier Türmen, die noch auf die Stadtbefestigung von 1228 und 1334 zurückgehen.

Architektonischer Hingucker an der Ill ist das Musée d'Art Moderne et Contemporain von 1998

Westlich dahinter wurde 1686–1700 die **Grande Écluse** ⑬ *(Barrage Vauban* oder *Vauban-Schleuse)* errichtet, um das veraltete Befestigungssystem zu modernisieren. Von der Terrasse, die 1967 über dem lang gestreckten, 1870 erhöhten Bau angelegt wurde, hat man einen faszinierenden und übersichtlichen *Blick* auf das historische Stadtzentrum.

Jenseits der Ill lädt das nach Plänen des Straßburger Architekten Adrien Fainsilber erbaute, sowohl wegen seiner Sammlungen als auch seiner architektonischen Konzeption höchst bemerkenswerte **Musée d'Art Moderne et Contemporain** ⑭ (1, place Hans Jean Arp, Tel. 03 68 98 51 60, www.musees.strasbourg.eu, Di–So 10–18 Uhr) zu einem Besuch ein. Das 1998 eröffnete MAMCS bietet einen Überblick über die wichtigen Kunstströmungen vom 19.–21. Jh. und berücksichtigt auch die Beiträge Straßburger Künstler wie Hans Arp (1887–1966) und dessen Frau Sophie Taeuber-Arp (1889–1943). Im selben Haus ist die **Bibliothèque des Musées** (Di/Mi, Fr/Sa 14–18, Do 14–21 Uhr außer Juli/Aug.) untergebracht.

TOP TIPP

St-Pierre-le-Vieux und Place Kléber

Bei der Vauban-Schleuse teilt sich die Ill. Im Norden umgrenzt die künstlich angelegte *Fossé du Faux Rempart* die Innenstadt. Folgt man dem Wasserlauf, so gelangt man zu einer der seltsamsten Kirchen der Stadt, dem Komplex von **St-Pierre-le-Vieux** ⑮ (tgl. 8–18 Uhr). Alt-St.-Peter vereint zwei Gotteshäuser unter seinen Dächern. Die protestantische Gemeinde benutzt das ab 1381 erbaute, Anfang des 15. Jh. zur Grand'Rue hin erweiterte Schiff, die katholische einen 1866 im rechten Winkel anstelle des ursprünglichen Chores errichteten Neubau. Dieser ist seit 1914 nur noch ein Torso, denn damals wurde die Kirche wegen des Straßendurchbruchs um zwei Joche verkürzt. Der nicht mehr vorhandene romanische Peters-Chor war schon 1432 durch eine Mauer vom Schiff abgetrennt und 1455 von Jodokus Dotzinger in den Formen flamboyanter Spätgotik neu errichtet worden. 1683 hatte Ludwig XIV. befohlen, ihn den Katholiken zu überlassen.

Man darf nach dieser Baugeschichte kein großes Raumerlebnis erwarten. Immerhin gibt es in der *protestantischen Kirche* einen schönen Lettner zu sehen und ein anmutiges Relief der Anna Selbdritt (beide 16. Jh.). In der *katholischen Kirche* sind vier Holztafeln vom einstigen Hochaltar erhalten, die Veit Wagner 1501 gestaltete. Im Chor befinden sich expressive Passionstafeln eines um 1480 entstandenen Retabels sowie vier Auferstehungs-Darstellungen (um 1500).

Im weiteren Verlauf des Spaziergangs entlang des Ill-Kanals lohnt ein Abstecher nach rechts, der Straßenbahnlinie folgend, zur **Place Kléber** 16. Der Platz, lebendiges Stadtzentrum, wurde unter Ludwig XV. anstelle des mittelalterlichen Barfüßerplatzes angelegt. Er ist benannt nach dem 1753 in Straßburg geborenen, 1800 ermordeten General Jean-Baptiste Kléber, der in dem 1840 errichteten Denkmal von Philippe Grass nicht nur verewigt, sondern tatsächlich beigesetzt wurde.

Dominierendes Gebäude am Platz ist die **Aubette 1928** 17 (www.musees.strasbourg.eu, Mi–Sa 14–18 Uhr), die einstige Hauptwache (1765–78). Sie war 1870 zerstört, später rekonstruiert und 1926–28 von Theo van Doesburg, Hans Arp und Sophie Taeuber-Arp im Sinne der holländischen Künstlergruppe De Stijl ausgestaltet worden. Dieses Kulturdokument zerstörten die Nazis als ›entartete Kunst‹. Heute ist die restaurierte 1. Etage mit dem Festsaal zu besichtigen.

Place Broglie, Place de la République und St-Pierre-le-Jeune

Von hier ist es nicht weit zur lang gestreckten **Place Broglie** 18. Die heutige Promenade war im Mittelalter Turnierplatz und Rossmarkt und geht wahrscheinlich bis auf die Römerzeit zurück. Hier finden sich Bauten unterschiedlichster Epochen und Stile: Haus Nr. 2 entstammt der Renaissance (1579), Nr. 1 dem Jugendstil (1900). Das *Stadttheater* von 1821 wurde 1872–75 nach einem Brand wieder errichtet.

Wurde als ›Kaiserpalast‹ 1883–89 erbaut – das Palais du Rhin an der Place de la République

Im Sinne der Künstlergruppe De Stijl im Inneren neu ausgestaltet – die Aubette 1928

Das majestätische *Hôtel du Préfet* in der benachbarten Rue Brûlée Nr. 19 beherbergte einst das *Hôtel de Klinglin*. Es wurde 1736 erbaut, zur gleichen Zeit wie das ursprüngliche Palais der Grafen von Hanau-Lichtenberg im Haus Nr. 9, das von 1806 bis in die Mitte der 1970er-Jahre als Rathaus diente. Seither befindet sich der Sitz der Stadtverwaltung im neuen ›Centre Administratif‹ im Süden der Stadt an der Place Étoile.

Jenseits des Ill-Kanals markiert die **Place de la République** 19 den Übergang zwischen Altstadt und Neustadt. Der Platz ist umgeben von historistischen Gebäuden wie dem ehem. ›Kaiserpalast‹ *Palais du Rhin* (1883–89, heute Büros), dem *Konservatorium* (1888–92) und der *Bibliothèque Nationale* (1889–94). Das Ganze war Teil einer ambitionierten, aber Torso gebliebenen städtebaulichen Initiative des Deutschen Kaiserreichs mit unverkennbarem Berliner Einschlag.

An den Platz grenzt auch die sog. *Villa Greiner*, in der das **Musée Tomi Ungerer** 20 (2, avenue de la Marseillaise, Tel. 03 69 06 37 27, Mi–Mo 10–18 Uhr) residiert. Das grafische Werk des vielseitigen, 1931 in Straßburg geborenen Künstlers wird hier mit rund 250 Originalen (z. B. Werbeplakaten, Zeichnungen aus Kinderbüchern und satirischen Blättern) präsentiert.

St-Pierre-le-Jeune 21 (Mo, Mi, Fr 15–17.30 Uhr) Jung-St.-Peter genannt im Gegensatz zur älteren Kirche St-Pierre-le-Vieux, ist leicht zu finden, wenn man von der Place Broglie in die Rue de la Nuée

Das Lied der Freiheit

Wer weiß schon, dass die **Marseillaise**, das Kampflied der Französischen Revolution und heute französische Nationalhymne, nicht in Marseille, sondern im Elsass komponiert wurde? Der junge Stabsoffizier **Rouget de Lisle** dichtete und komponierte sie 1792 in Straßburg als Kampflied für die Rheinarmee. Als im selben Jahr die Bürger von Marseille eine Truppe von 500 Freiwilligen zur Unterstützung der **Revolution** nach Paris schickten, brachten sie das neue Lied in die Hauptstadt mit. Als es beim Einzug in die Metropole aus vollen Kehlen erscholl, war die Begeisterung grenzenlos. Wenig später wurde das Freiheitslied zur offiziellen **Nationalhymne** des ›neuen‹ Frankreich.

Bleue einbiegt. Die ehemalige Stiftskirche geht auf eine irische Gründung des 7. Jahrhunderts zurück. Wieder handelt es sich beim heutigen Bau um die dritte Kirche an gleicher Stelle. Sie wurde 1250–1320 unter Bischof Konrad von Lichtenberg erbaut, 1360 fügte Wilhelm von Marburg südlich des Turmes die Johanneskapelle, 1491–94 Münsterbaumeister Hans Hammer die Trinitätskapelle als östliche Verlängerung des südlichen Seitenschiffs hinzu.

1524 wurde die Reformation eingeführt, 1681 gab Ludwig XIV. den Chor den Katholiken zurück. Eine Scheidemauer zwischen katholischem Chor und protestantischem Langhaus wurde errichtet und erst 1895, anlässlich der Rückgabe des Chors an die Protestanten und einer umfassenden Restaurierung, wieder entfernt. Damals entstand auch das in der Revolution zerstörte Figurenportal von Ferdinand Riedel neu.

Es ist vor allem die Fülle ihrer **Wandmalereien**, die die Kirche St-Pierre-le-Jeune zu einem Kleinod besonderer Art macht. Immerhin bietet sie das heute seltene Erscheinungsbild eines völlig ausgemalten Raumes, wie er im Mittelalter die Regel war. Das reiche **Bildprogramm** zeigt u. a. eine Darstellung des Sturmes auf dem See Genezareth. Darunter sind die acht Seligpreisungen zu sehen. An der Westwand des südlichen Seitenschiffes findet sich ein ungewöhnliches Motiv: der Zug der – akribisch beschrifteten – Nationen zum Kreuz (wohl noch 13. Jh.).

Ein teilweise aus dem 11. Jh. stammender, im 19. Jh. neogotisch ergänzter *Kreuzgang*, der *Lettner* vom Anfang des 14. Jh. mit vorzüglich renovierter Silbermann-Orgel (1707) und Retabel im Chor sowie Grabmäler und Epitaphien in Hülle und Fülle sind weitere Teile der Kostbarkeiten, die in Jung-St.-Peter zu finden sind. Interessant ist nicht zuletzt auch die **Architektur** selbst. Die ungewöhnliche Vierschiffigkeit schafft einen seltsamen, eigenartig schwebenden Raumeindruck. Der Bezug zum Kirchenpatron St. Peter und seiner römischen Grabeskirche wird durch ein auffallendes architektonisches Detail belegt: Das Querschiff befindet sich im Westen, nach der ›Anatomie‹ des kreuzförmigen Kirchengebäudes also ›unten‹. Dies war auch bei der (alten) rö-

›Das Schiff Petri: Sturm auf dem See Genezareth‹, Wandgemälde in St-Pierre-le-Jeune

Ein Glashaus, das sich sehen lassen kann – das Europäische Parlament in Straßburg

mischen Peterskirche der Fall – eine Anspielung darauf, dass der Apostel aus Demut nicht auf die gleiche Weise wie sein Herr und Meister sterben wollte. Bekanntlich zog er es vor, sich mit dem Kopf nach unten kreuzigen zu lassen.

St-Etienne und St-Guillaume

Der Kreis schließt sich: Dort, wo der Kanal sich wieder mit der Ill verbindet, steht die *Stephanskirche* **St-Etienne** ㉒. Im 8. Jh. gehörte sie zu einem Frauenkloster. Um 1200 entstand ein Neubau, von dem Chor, Querhaus und Vierungsturm erhalten sind. In der Französischen Revolution wurde das Gotteshaus profaniert und zweckentfremdet, das Langhaus als Saal neu erbaut und abwechselnd als Lager, Synagoge und Theater genutzt. Nach erheblichen Zerstörungen 1944 entstand das Gotteshaus 1961 in modernen Formen neu. Ein Besuch lohnt vor allem wegen der **Bildteppiche** mit Szenen aus dem Leben der hl. Attala und der hl. Odilia, die während der Regierungszeit der Äbtissin Klementine von Rathsamhausen (1438–60) in der klostereigenen Weberei entstanden. Außerdem birgt St-Etienne eine Beweinung Christi vom ehemaligen Fronaltar des Münsters, den Nicolaus von Hagenau um 1501 schuf.

Jenseits der Ill, in der Rue St-Guillaume, befindet sich die Église **St-Guillaume** ㉓, die ehem. *Wilhelmerkirche*. Sie wurde 1300–07 erbaut und dem süddeutschen Orden der Wilhelmiten überlassen. 1485 kam es zu einem Neubau, seit 1534 ist die Kirche protestantisch. Kostbarster Besitz sind die lichten Glasfenster aus dem 15. und 16. Jh., Werke des berühmten Peter Hemmel aus Andlau [s. S. 82].

Das moderne Straßburg

Im äußeren Nordosten der Stadt, wo der *Canal de la Marne au Rhin* das *Bassin de l'Ill* erreicht, liegt das 1972–77 erbaute **Palais de l'Europe** ㉔, der Sitz des Europarates (Tel. 03 88 41 20 29, www.coe.int, Besichtigung nach Voranmeldung). Der massiv wirkende, neunstöckige Bau von Henry Bernard drückt architektonisch nicht gerade Offenheit und Transparenz aus. Sinnfälliger ist da schon die Zeltform des **Plenarsaals**, des größten in Europa, der ebenso wie das Palais nach Voranmeldung besichtigt werden kann. Nur wenige Schritte weiter im Nordosten bezog die Europäische Menschenrechtskommission 1996 das im Jahr zuvor nach Plänen von Sir Richard Rogers fertiggestellte **Palais des Droits de l'Homme** ㉕. Schräg gegenüber entstand nach Plänen eines internationalen Architektenteams der gläserne Neubau des Europäischen Parlaments, des **Parlement Européen** ㉖ (Allée du Printemps, Tel. 03 88 17 40 01, Besichtigung nur für Gruppen nach Voranmeldung), reizvoll am Ill-Kanal gelegen, mit Spiegel-Effekten an der Fassade und Durchblick zum Münsterturm.

Auf der gegenüberliegenden Straßenseite der *Avenue de l'Europe* erstreckt sich die hübsche Gartenanlage der **Orangerie** ㉗ mit Teich, einem kleinen Zoo und Storchengehege. Wie der Park entstand auch das gleichnamige Lustschlösschen

Das historische Kinderkarussell findet auch heute noch seine kleinen Fans

für die damalige Kaiserin Josephine anlässlich ihres Besuches Anfang des 19. Jh.

Die europäische Politik findet ihr merkantiles Gegenstück in dem ca. 1000 ha großen **Port Autonome de Strasbourg**, dem nach Paris zweitgrößten Binnenhafen Frankreichs. Die ausgedehnten Fracht-, Umschlag- und Zollanlagen können per Schiff besichtigt werden (Tel. 03 88 84 13 13, www.strasbourg.port.fr). Das älteste der 15 Hafenbecken, das **Bassin de l'Hôpital** 28, liegt im Süden der Straßburger Altstadt. Es ist umgeben von mehreren Universitätsgebäuden.

Weiter im Osten liegen am *Bassin de la Citadelle* die Reste der alten **Citadelle** 29, die in ihrem Kern von 1662–64 auf Vauban zurückgeht. Die Anlage wird heute als Park genutzt, in unmittelbarer Nähe befindet sich das ab 1962 entstandene Viertel **Esplanade** 30, zu dem auch der neue Stadtregierungskomplex *Centre Administratif* gehört.

i Praktische Hinweise

Information

Office de Tourisme, 17, place de la Cathédrale und Place de la Gare, Strasbourg, Tel. 03 88 52 28 28, www.otstrasbourg.fr

Weihnachtsmarkt

Seit dem Jahr 1570 findet in Straßburg der berühmte ›Christkindelsmärik‹ (www.noel.strasbourg.eu) statt. Er ist der älteste Weihnachtsmarkt in Frankreich und zieht alljährlich Tausende von Besuchern an. An den Ständen auf dem Platz vor der Kathedrale und an der Place Broglie wird hauptsächlich Kunsthandwerk und nostalgischer Weihnachtsschmuck verkauft.

Hotels

Beaucour, 5, rue des Bouchers, Strasbourg, Tel. 03 88 76 72 00, www.hotel-beaucour.com. Komfortable Unterkunft in gepflegtem Ambiente nur wenige Schritte entfernt von der Kathedrale.

Couvent du Franciscain, 18, rue Faubourg-de-Pierre, Strasbourg, Tel. 03 88 32 93 93, www.hotel-franciscain.com. Preisgünstiges, zentral gelegenes Hotel ohne Restaurant.

Du Rhin, 7, place de la Gare, Strasbourg, Tel. 03 88 32 35 00, www.hotel-du-rhin.fr. Preiswerte, ordentliche Unterkunft in Bahnhofsnähe.

Tagesausklang im Gerberviertel, im Hintergrund die Fachwerkperle Maison des Tanneurs

Maison Kammerzell, Hôtel et Salons Baumann, 16, place de la Cathédrale, Strasbourg, Tel. 03 88 32 42 14, www.maison-kammerzell.com. Komfortable Unterkunft im wohl schönsten Fachwerkhaus Straßburgs (16. Jh.) mit vorzüglichem Restaurant.

Régent Petite France, 5, rue des Moulins, Strasbourg, Tel. 03 88 76 43 43, www.regent-petite-france.com. Malerisch im Gerberviertel gelegenes Haus der Spitzenklasse mit Garten und Ill-Ausblick.

Restaurants

Au Crocodile, 10, rue de l'Outre, Strasbourg, Tel. 03 88 32 13 02, www.au-crocodile.com. Von Michelin mit einem Stern ausgezeichnetes Restaurant im Zentrum. Elegantes Ambiente, fantasievolle Küche (So/Mo geschl.).

TOP TIPP **Buerehiesel**, 4, parc de l'Orangerie, Strasbourg, Tel. 03 88 45 56 65, www.buerehiesel.fr. Das restaurierte Bauernhaus aus dem 17. Jh. beherbergt Straßburgs nobelstes Restaurant. Chefkoch Eric Westermann, Sohn des vorherigen Küchenmeisters Antoine Westermann, zelebriert hohe Kochkunst (So/Mo geschl.).

Maison des Tanneurs sog. ›**Gerwerstub**‹, 42, rue du Bain aux Plantes, Strasbourg, Tel. 03 88 32 79 70, www.maison-des-tanneurs.com. Historisches Haus am Ill-Ufer im pittoresken Gerberviertel, gute traditionelle Küche (So/Mo geschl.).

Reisefilm: Straßburg Münster
QR Code scannen [s. S. 5] oder dem Link folgen: www.adac.de/rf0208

Reisefilm: Straßburg
QR Code scannen [s. S. 5] oder dem Link folgen: www.adac.de/rf0207

24 Eschau

Das ›Kloster der heiligen Weisheit‹.

Rund 12 km südlich von Straßburg bewahrt das hübsche Fachwerkdorf Eschau die Reste eines 770 gegründeten und im Bauernkrieg 1525 aufgehobenen *Benediktinerinnenklosters*. Die meisten Gebäude wurden 1822 abgebrochen, Teile des 1130 entstandenen Kreuzganges zeigt das

Nicht nur Sightseeing – auch zum Shoppingbummel lädt die Elsassmetropole ein

Frauenhaus-Museum in Straßburg. ›In situ‹ erhalten blieb die typisch ottonische, den Heiligen Trophimus und Sophia geweihte Kirche, eine sechs Joch lange, flach gedeckte **Pfeilerbasilika** mit halbkugelig gewölbter, durch Blendarkaden und Lisenen gegliederter Apsis.

Im **Inneren** ist im nördlichen Querschiff der um 1300 geschaffene *Sarkophag* der hl. Sophia zu sehen, deren Reliquien der Stifter des Klosters, der Straßburger Bischof Remigius, aus Rom mitgebracht hatte. Eine qualitätvolle, um 1500 entstandene *Holzskulptur* interpretiert ›Sophia‹ als Weisheit und stellt sie mit ihren ›Kindern‹ Fides (Glaube), Spes (Hoffnung) und Caritas (Liebe) dar.

Erstein

Auf dem Firmengelände der französischen Würth-Filiale in Erstein, südlich von Eschau, befindet sich in einem imponierenden Glas-Beton-Bau das **Musée Würth** (Rue Georges Besse, Tel. 03 88 64 74 84, www.musee-wurth.fr, Di–Sa 10–17, So 10–18 Uhr). Es zeigt in wechselnden Ausstellungen Gemälde sowie Skulpturen der mehr als 11 000 Werke umfassenden Sammlung moderner und zeitgenössischer Kunst des schwäbischen Unternehmers Reinhold Würth (u. a. Edvard Munch, Max Beckmann, René Magritte, Henry Moore, Georg Baselitz).

Die nördliche Weinstraße – Garten des Elsass

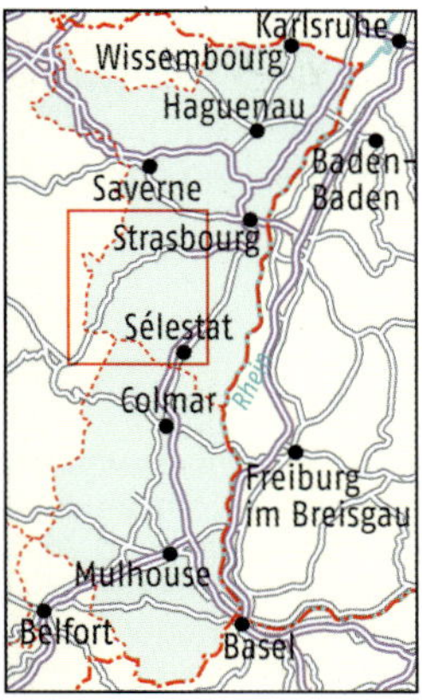

Die **Route des Vins** führt durch eine gesegnete, fruchtbare Hügellandschaft im Windschatten von bis zu 1400 m hoch aufragenden Bergen. Auf sonnigen Terrassen gedeihen köstliche Weine. Die Dörfer an den Hängen und Talausgängen sind größtenteils älter als die in der hochwassergefährdeten Ebene und in den jahrtausendelang unzugänglichen Bergen und somit meist reicher, was **Ortsbild** und – trotz Zerstörungen in vielen Kriegen – in erfreulicher Fülle erhaltene **Baudenkmäler** betrifft. Zumindest hat hier nicht in den 50er-Jahren des 20. Jh. die Keule des Wirtschaftswunders zugeschlagen, die laut UNESCO-Bestandsaufnahme mehr historische Substanz auf dem Gewissen hat als der Zweite Weltkrieg. Über Mangel an **Tourismus** braucht sich an der Weinstraße niemand zu beklagen, doch gibt es durchaus noch ›Geheimtipps‹ und die Möglichkeit, Entdeckungen zu machen – landschaftliche, historische, künstlerische und nicht zuletzt gastronomische.

Die ca. 170 km lange elsässische Weinstraße führt von **Marlenheim** im Norden bis **Thann** im Süden. Die Gliederung dieses Kapitels orientiert sich an den **Flüssen**, die aus den Vogesen dem Rhein zuströmen. Ihr wichtigster ist hier die *Bruche* (Breusch). Von ihr aus erschließen Seitentäler die Berge. Weiter südlich markiert die *Liepvrette* (Leber), die bei **Sélestat** in die *Ill* mündet, den Verlauf der Grenze zwischen den *Départements Bas-Rhin* und *Haut-Rhin*.

25 Marlenheim

Tor zur elsässischen Weinstraße.

›Offiziell‹ beginnt die *Route des Vins* in Marlenheim. Eine bekannte Wein-Spezialität ist hier der *Rouge de Marlenheim*. Der kleine Ort mit typisch elsässischen Fachwerkbauten und einigen Häuser aus dem 16. Jh. mit hübschen Treppentürmchen ist bereits 590 als **oratorium domus Mailigensis** bezeugt. Dies ist die älteste Nennung eines Gotteshauses im Elsass.

Die ansonsten aus dem 17. Jh. stammende **Kirche** besitzt ein romanisches Portal des 12. Jh., das Christus zwischen Petrus und Paulus zeigt. Den Dorfberg, auch Marlenberg genannt, bekrönt eine **Kapelle der 14 Nothelfer**. Sie wurde im Jahr 1683 errichtet und 1772 samt dem Kreuzweg mit seinen sieben Stationen umgebaut. Von der Anhöhe bietet sich ein weiter Blick bis zum Straßburger Münster.

Das Château de Kintzheim ist der wildromantische Sitz einer Greifvogelwarte

i Praktische Hinweise

Information

Office de Tourisme, 11, place du Kaufhaus, Marlenheim, Tel. 03 88 87 75 80, www.tourisme-marlenheim.fr

Hotels

Le Cerf, 30 rue General de Gaulle, Marlenheim, Tel. 03 88 87 73 73, www.lecerf.com. Komfortables Hotel in historischem Fachwerkhaus mit vorzüglicher Küche (Restaurant Di und Mi geschl.).

Relais de la Route du Vin, 1, place du Kaufhaus, Marlenheim, Tel. 03 88 87 50 05, www.relais.fr. Günstige Unterkunft mit Restaurant (Do abend und Mo geschl.).

Seit beinahe einem Jahrtausend trutzt die Avolsheimer Kirche Dompeter den Zeiten

26 Avolsheim

Ulrichskapelle und Dompeter.

In Avolsheim verdienen gleich zwei bedeutende Zeugnisse bodenständiger romanischer Baukunst Aufmerksamkeit.

Die zentral gelegene **Ulrichskapelle** neben der 1911 erbauten Kirche St-Materne gehört zu den ältesten Baudenkmälern im Elsass. Der um 1000 entstandene, ursprünglich als Baptisterium auf vierpassförmigem Grundriss angelegte Kuppelbau, dessen nach außen schwingende Kapellen später rechteckig ummantelt wurden, zeigt im Inneren Deckenmalereien aus dem 12. Jh.: den von den Evangelisten umgebenen Pantokrator sowie Motive aus dem Alten Testament, die sich auf die Taufe beziehen. Aus dem 12. Jh. stammt auch der achtseitige Turm.

Der seltsame Name **Dompeter** für die etwas außerhalb, südlich des Ortes erbaute Friedhofskirche bezieht sich auf den ›Herrn Petrus‹ (›dominus Petrus‹) oder sein Haus (›domus Petri‹) – eine passende Bezeichnung, denn Petrus verwahrt bekanntlich, siehe Relief über dem Südportal, die Himmelsschlüssel. Die dreischiffige Kirche mit ihren sechs Arkaden wirkt erdhaft und altertümlich. Der Bau dürfte ebenfalls um 1000 entstanden sein, nachweislich anstelle einer älteren, karolingischen Anlage. Der massige Turm wurde nach einem Blitzschlag im 18. Jh. verändert. Damals setzte man das achteckige Obergeschoss auf und erweiterte die Langhausfenster. Das Westportal wurde aus verschiedenen Teilen neu zusammengesetzt, die dreiteilige Choranlage entstand in ihrer heutigen Form 1828.

27 Molsheim

Einstige Hochburg der Jesuiten.

Wo die Vogesen in die Ebene übergehen liegt seit gallo-römischer Zeit an dem Flüsschen Bruche die heute rund 7000 Einwohner zählende Stadt Molsheim. Sie war von alters her ein wichtiger Ort im Befestigungssystem der Straßburger Bischöfe gewesen. Teile der **Stadtmauer** sind noch erhalten. Eindrucksvoll ist vor allem das *Schmiedtor* aus dem 14. Jh., reizvoll auch die **Place de la Mairie** mit dem prächtigen Haus der Fleischer, der ›Alten Metzig‹ von 1554. Ca. 500 m Luftlinie entfernt findet man an der Place de la Monnaie die 1573 erbaute ›Alte Münze‹.

1525 spielte Molsheim eine wichtige Rolle im **Bauernkrieg**. Von hier brachen die Scharen des Erasmus Gerber auf, die wenig später in Zabern schmählich hintergangen wurden [s. S. 37]. Kurze Zeit später hatte die Reformation im wenig obrigkeitshörigen Elsass Fuß gefasst. Im Zeichen der Gegenreformation rief Fürstbischof Johann Graf von Manderscheid-Blankenheim die Jesuiten ins Land. 1580 begründeten sie ihr **Kolleg** in Molsheim. Es erhielt 1618 den Rang einer Universität, wurde jedoch 1702 mit der von Straßburg vereinigt.

Das Wirken der Jesuiten fand 1765, nach der Auflösung des Ordens, ein jähes Ende. Vorher jedoch entstand 1614–18 die **Jesuitenkirche** (April–Okt. Mo–Fr 10–12, 15–17, Sa/So 14–18, Nov.–März Mo–Sa 10.30–12, 15–17, So 14.30–16 Uhr) eine großartige, netzgewölbte Emporenbasilika, die im Wesentlichen gotisch zu sein scheint und doch in ihrer hellen Weite einen völlig anderen Raumcharakter aufweist. Mittelalterliche Architektur wird hier bewusst und programmatisch als ›vorreformatorische Kunst‹ zitiert. An wenigen Stellen, etwa den Kapellen an den östlichen Enden der Seitenschiffe, gibt sich der Bau als barock

Die ›Alte Metzig‹, einst städtisches Schlachthaus, beherbergt heute ein Speiselokal

zu erkennen. Ein Dachreiter markiert die Vierung, ein schlanker Turm bewacht den westlichen Eingang.

In der Eingangshalle der Kirche ist das aus der Kartause stammende monumentale ›Molsheimer Kruzifix‹ von Conrad Syfer aufgestellt, ein Meisterwerk spätgotischer Bildhauerkunst aus der Nachfolge des Nikolaus Gerhaert. Im Inneren der dreischiffigen Emporenkirche beachte man die bemerkenswerte Ausstattung mit ihren qualitätvollen Malereien und Stuckaturen. Unter anderem entdeckt man dabei den ›Tod‹, der mit seiner Armbrust auf die Gläubigen zielt. Oder das Grabmal des Johann von Dürbheim,

Einen Eindruck vom kargen Alltag der Mönche vermittelt das Museum der Kartause

Einmal im Jahr fließt aus dem Mutziger Brunnen kein Wasser, sondern Bier

eines der vielleicht bedeutendsten Bischöfe von Straßburg des 14. Jh., sowie die **Orgel** (1781), eines der letzten Werke des Silbermann-Sohnes Johann Andreas.

In direkter Nachbarschaft der Jesuitenkirche befindet sich die 1867 erbaute neogotische **Chapelle Notre Dame**, ein sehr eigentümlicher, an historische Doppelkapellen erinnernder zweischiffiger, zweigeschossiger Bau mit schön gestalteter Fensterrose in der Fassade.

In der 1598 bis 1792 bestehenden *Kartause* im *Cour des Chartreux* am westlichen Stadtrand ist heute das **Musée de la Chartreuse et Fondation Bugatti** (Tel. 03 88 49 59 38, Mitte Juni–Mitte Sept. Mo/Mi–Fr 10–12 und 14–18, Sa/So 14–17, Mai–Mitte Juni und Mitte Sept.–Mitte Okt. Mi–Mo 14–17 Uhr) untergebracht. Es thematisiert neben dem 1909–63 in Molsheim gebauten Luxusauto Bugatti auch die regionale Archäologie, Stadtgeschichte und Volkskunde.

Mutzig/Mützig

Bekannt wurde Mutzig, 4 km westlich von Molsheim gelegen, in der Neuzeit vor allem durch das hier gebraute **Bier**. Diesem Umstand trägt die Bürgerschaft Rechnung, wenn aus dem *Renaissancebrunnen* auf dem Marktplatz am Morgen des ersten Sonntags im September der goldene Gerstensaft sprudelt.

Doch davon war noch nicht die Rede, als 1674 die Bischöfe von Straßburg das **Château des Rohan** errichten ließen, das in der Französischen Revolution zur Waffenfabrik zweckentfremdet wurde. Heute zeigt in dem dreiflügeligen Schloss das **Musée de Mutzig** (39, rue du Château, Tel. 03 88 38 31 98, Juli/Aug. Mi–So 14–18, Mitte–Ende Juni, Sept. Sa/So 14–18 Uhr) seine reiche Waffensammlung. Zu sehen sind u.a. Rüstungen, Militärhauben und Feuerwaffen. Knapp 6 km nördlich der Stadt thront das **Fort de Mutzig** (Tel. 06 08 84 17 42, www.fort-mutzig.eu, Führungen Jan.–März, Nov./Dez. Sa/So 13.30, April–Juni, Sept./Okt., Mo–Fr 13.30, Sa/So auch 14.30, Juli–Mitte Sept. tgl. 10.30, 13.30, 14.30 Uhr, viele Treppen). Die 1893–1916 erbaute Feste Kaiser Wilhelms II. beeindruckt durch ihre gewaltigen Ausmaße und zeigt im Innern noch die originale Ausstattung (Maschinenräume, Bäckerei u.a.).

i Praktische Hinweise

Information

Office de Tourisme Région Molsheim–Mutzig, 19, Place de l'Hôtel de Ville, Molsheim, Tel. 03 88 38 11 61, www.ot-molsheim-mutzig.com

Hotels

Diana, 14 rue Ste-Odile, Pont de la Bruche, Molsheim, Tel. 03 88 38 51 59, www.hotel-diana.com. Komfortables, modernes Hotel mit Spa und gepflegtem Restaurant (So geschl.).

L'Ours de Mutzig, Place de la Fontaine, Mutzig, Tel. 03 88 47 85 55, www.loursde mutzig.com. Familienfreundliche Unterkunft und erfreuliche Küche.

Le Bugatti, Rue de la Commanderie, Molsheim, Tel. 03 88 49 89 00, www.hotel-le-bugatti.com. Elegant gestyltes, modernes Hotel.

28 Niederhaslach

Die Fenster des hl. Florentius.

Südlich von Molsheim führt die N 420 nach Westen in die Berge. Zu Recht ist die Strecke auf der Landkarte grün markiert – die Fahrt ist von großem **landschaftlichem Reiz**. Nach rund 12 km lohnt ein Abstecher nach rechts ins malerische

Die Reliefs im Tympanon von St. Florentius schildern Szenen aus dem Leben des Heiligen

Farbensprühende Akzente setzen die kunstvoll gestalteten Glasfenster in St. Florentius

Haseltal, nach Niederhaslach. Die ehem. **Florentiuskirche** ist heute Johannes dem Täufer geweiht. Doch der irische Missionar Florentius, der dieser einst wilden Gegend im 7. Jh. das Christentum brachte, ist deswegen keinesfalls vergessen. 1275 wurde die damalige Stiftskirche neu erbaut, 1287 durch Brand beschädigt, im 14. Jh. wieder hergestellt. Nach der beinahe vollständigen Zerstörung im Dreißigjährigen Krieg wurde die Kirche im 19. Jh. und in jüngster Zeit noch einmal sorgfältig restauriert.

Bemerkenswert sind außen das **Figurenportal** des 14. Jh., im Inneren aber vor allem die hervorragend erhaltenen **Glasmalereien**. Zwei stilistisch klar unterscheidbare Gruppen stehen einander gegenüber: im Chor Fenster vom Ende des 13. Jh., im Langhaus solche aus dem dritten Viertel des 14. Jh. Von erlesener Schönheit ist auch die **Rosette** des Westturms. Es ist bezeugt, dass in Niederhaslach mit einem gewissen **Gerlacus** ein 1329 verstorbener Sohn oder Enkel des großen Erwin von Steinbach gewirkt hat. Seine *Grabplatte* mit Inschrift und den Insignien Winkelmaß und Zirkel befindet sich rechts vom Chor in der Marienkapelle. Das dortige *Heilige Grab* stammt aus dem Jahr 1350, der barocke *Schrein* soll die Gebeine des hl. Florentius enthalten.

Château et Cascade du Nideck

Nach 6 km auf gewundener Straße nordwärts führt ein schöner, gut einstündiger Spaziergang vom Parkplatz an der D218 hinauf zur **Burgruine Nideck.** Schon Adalbert von Chamisso (1781–1838) beschrieb in seinem Gedicht ›Das Riesenspielzeug‹ »die Höhe, wo einst die Burg der Riesen stand«. Der Anblick der gigantischen Mauerreste auf dem 600 m hohen Fels begeistert nach wie vor, ebenso wie die herrliche **Fernsicht** von der Ruine. Vom unteren Burgturm kann man zum **Wasserfall** absteigen, der sich 25 m tief über eine Felswand in das dicht bewaldete Engtal stürzt. Auch der **Sentier des Géants** (www.commune-oberhaslach.fr), der bei Oberhaslach beginnt und mit modernen Skulpturen geschmückt ist, hat die *Riesen von Nideck*, die der Sage nach einst hier lebten, zum Thema.

29 Schirmeck

Städtchen im Vallée de la Bruche mit wichtigem Dokumentationszentrum.

Die N420 folgt dem landschaftlich reizvollen Tal der Bruche nach Westen in die bewaldeten Berge. In Schirmeck ist die *Sprachgrenze* des Alemannischen erreicht: Westlich von hier spricht man französisch, östlich war alemannisches Sprachgebiet, diese Zäsur ist noch heute spürbar.

Schirmeck selbst war ein wichtiger Stützpunkt des Bischofs von Straßburg und darum befestigt. Davon zeugen noch die Reste der Burg auf dem **Côte du Château.** Mitte des 18. Jh. diente die Ruine als Steinbruch für den Bau einer Barockkirche im Ort. Doch blieb von ihr nur die Fassade erhalten, als das Gotteshaus 1876 erneuert wurde.

Ca. 15 Min. geht man vom Zentrum zum **Mémorial de l'Alsace Moselle** (Tel. 03 88 47 45 50, www.memorial-alsace-moselle.com, Febr.–Dez. Di–So 10–18.30 Uhr, Kassenschluss 17 Uhr), das wie eine Sprungschanze am Hang thront. Die Gedenkstätte dokumentiert mittels interaktiver Ausstellungen die Geschichte Elsass-Lothringens von 1870 bis heute. Besonders eindringlich illustriert sind die Ereignisse des Zweiten Weltkriegs und die im Zeichen der Aussöhnung stehenden Entwicklungen der Nachkriegszeit.

Stück für Stück erobert der Wald sich Nideck, ›die Burg der Riesen‹, zurück

Struthof

Beklemmend werden die Schatten der Vergangenheit beim Besuch des 10 km südöstlich gelegenen Natzwiller-Struthof. Hier errichteten die Nazis im Jahr 1940 das **Konzentrationslager Natzweiler**. Es fungierte als zentrales Sammellager der Region und wurde 1944 als erstes Lager Westeuropas von den Alliierten entdeckt und befreit. Seit 1960 ist der einstige Barackenkomplex Nationales Mahnmal. Während das **Museum Struthof** (Tel. 03 88 47 44 67, www.struthof.fr, März–Mitte April und Mitte Okt.–23. Dez. tgl. 9–17, Mitte April–Mitte Okt. tgl. 9–18.30 Uhr; Chambre à gaz tgl. 10–13 und 14–17 Uhr, Voranmeldung Tel. 03 88 47 44 67) die Geschichte des Lagers beleuchtet, ist die Gedenkstätte **Centre Européen du Résistant Déporté** vor allem den Märtyrern und Helden der Deportation gewidmet.

30 Donon

TOP TIPP *Grenzmarkierung und Heiligtum von alters her.*

Von Schirmeck führt die D392 nach Nordwesten durch das reizende **Erzbergbachtal.** Der Name hält, was er verspricht. Hinter dem Straßendorf *Grandfontaine* ist ein altes **Bergwerk** (Mines de Grandfontaine, Tel. 03 88 97 20 09, Mine zzt. geschl.,

Herrlicher Ausblick vom Gipfel des Donon – im Hintergrund der sogenannte Tempel

Besuch des kleinen Museums nur Gruppen nach Vereinbarung) zu finden.

Mit dem Auto erreicht man den 727 m hoch gelegenen Donon-Pass, *Col de Donon*, wo sich ein Restaurant zur Einkehr anbietet. Der Aufstieg (ca. 1 h) vom Pass zu den Granitblöcken des Donon, des mit 1009 m höchsten Berges der mittleren Vogesen, lohnt die Mühe. Hinreißend schön ist der **Blick** von der Kuppe sowohl hinunter in die Rheinebene als auch ins seenglitzernde Lothringen. Bei klarem Wetter sind die Berner Alpen zu sehen.

Der Donon war schon in vorgeschichtlicher Zeit befestigt und umkämpft. Reliefsteine, Stelen, originale und rekonstruierte Funde erinnern an die Anwesenheit von Kelten, Römern und christlichen Mönchen, die hier oben nach den legendären Gräbern der Merowingerkönige suchten, statt dessen aber Hinweise auf ›finsterstes‹ Heidentum fanden, auf Merkur und Jupiter. Der weithin sichtbare **Tempel** ist nicht so alt, wie er zu sein vorgibt. Er wurde 1869 unter Napoleon III. erbaut. Die Funde der hier im 18. Jh., später vor allem in den 1930er-Jahren durchgeführten Grabungen sind in den Museen von Straßburg und Épinal zu sehen.

Auch während der beiden Weltkriege war der Gipfel heftig umkämpft. Ein naher *Soldatenfriedhof* erinnert daran.

31 Rosheim

Kleinod der romanischen Architektur.

Sowohl was das Ortsbild als auch einzelne Baudenkmäler betrifft, nimmt Rosheim eine besondere Stellung unter den Städtchen der Weinstraße ein. Die Église **St-Pierre-et-St-Paul** zählt zu den reinsten und schönsten romanischen Kirchen des an solchen Bauwerken ohnehin nicht armen Elsass. Allerdings ist ihre Stilreinheit zumindest zum Teil das Resultat einer ziemlich rigorosen Purifizierung, die 1859 alle späteren Zutaten entfernte und Fehlendes ›romanisch‹ ergänzte. Schauseite ist die fein gegliederte südliche Flanke. Wahrzeichenhaft wirkt der 1385 begonnene, 1545 erhöhte achteckige Vierungsturm. Klar lässt sich die architektonische **Struktur** ablesen: dreischiffige Basilika, Querhaus, Chorquadrat, halbrunde Apsiden, im Inneren Wölbung und Stützenwechsel.

Ein Schmuckstück des hübschen Rosheim ist die romanische Kirche St. Peter und Paul

Alles ist edel proportioniert, vor allem am Außenbau reich instrumentiert und in der technischen Ausführung von bestechender Präzision. Ornamentale und figurative Details finden sich in bemerkenswerter Zahl und Qualität. Inhaltlich bleibt vieles rätselhaft, stilistisch sind Einflüsse aus Oberitalien unverkennbar.

Die kleine Stadt war im 12. Jh. einer der wichtigsten Stützpunkte des Kaisers im bischöflichen Elsass und 1354 Gründungsmitglied der *Dekapolis*. Weitere Sehenswürdigkeiten sind hier u.a. die Kirche **St-Etienne** mit breit gelagertem Saal vom Ende des 18. Jh. und romanischem Turmunterbau. Auch Reste der **Befestigung** mit drei Stadttoren sind erhalten, ein 1761 restaurierter **Marktbrunnen** von 1605 sowie das **Rathaus** von 1775 mit mittelalterlichem Turm. Das Stadtzentrum um die beiden Kirchen besticht durch schöne Fachwerkbauten und die um 1200 erbaute **Maison Romane** (Mai–Sept. Mi–So 15–18, Okt.–Dez. und März/April So/Fei 15–18 Uhr). Dieser auch Heidenhaus (*Maison Païenne*) genannte Bau war wohl ursprünglich das Stadtpalais eines Ritters vom Odilienberg. Aus Stein gebaute Häuser waren im Mittelalter etwas durchaus Ungewöhnliches, der wehrhafte Charakter ist denn auch nicht zu übersehen. Der Eingang befand sich im Obergeschoss und konnte nur über Leitern erreicht werden.

i Praktische Hinweise

Information

Office de Tourisme, 94, rue du Général de Gaulle, Rosheim, Tel. 03 88 50 75 38, www.rosheim.com

Hotel

La Petite Auberge, 41, rue du Général de Gaulle, Rosheim, Tel. 03 88 50 40 60, www.petiteauberge.fr. Angenehme, preisgünstige Unterkunft mit Restaurant (Mi, Do abend geschl.).

Restaurant

Auberge du Cerf, 120, rue du Général de Gaulle, Rosheim, Tel. 03 88 50 40 14. Gute und preiswerte elsässische Küche (So abend und Mo geschl.).

32 Obernai

Oberehnheim

Romantische Stadt des ›Pistolenweins‹.

Im Mittelalter gehörte Obernai dem Geschlecht der *Etichonen*, später dem Odilienkloster [Nr. 33].

Häufig machten hier Kaiser Station; der Staufer Friedrich II. verlieh Oberehnheim 1240 das *Stadtrecht*. Von einem seiner Nachfolger, Maximilian, wird folgende Anekdote berichtet: Der Kaiser besuchte

1515 die Stadt und lobte ihren köstlichen Wein, worauf man ihm antwortete: »Majestät, wir wissen, dass er gut ist. Wir haben aber noch besseren im Keller, doch den saufen wir selber.« Amüsiert über die freche Schlagfertigkeit verschenkte der Kaiser zwei Pistolen mit der Bemerkung: »Findet Ihr einen, der gröber ist als Ihr, so schenkt sie diesem.« Seither gibt es in Obernai einen vorzüglichen Wein, genannt **Pistolenwein**.

1246 eroberte der Bischof von Straßburg die Stadt und zerstörte die Burg, 1354 trat Obernai der *Dekapolis* bei. Die Befestigungen hielten manchem Ansturm stand, wurden aber im Dreißigjährigen Krieg weitgehend zerstört.

Der Ort (11 500 Einw.) hat viel altertümlichen Charme, weswegen er zahlreiche Besucher anzieht. Insbesondere der großzügige *Marktplatz* mit dem 1462 errichteten, 1523 umgebauten und 1604 mit einem Balkon versehenen **Rathaus** strahlt viel Atmosphäre aus. Mit dem 60 m hohen **Beffroi**, dem Turm der 1474 errichteten Kapellkirche, dem Kornhaus **Ancienne Halle au Blé** von 1554 und dem ›Sechseimerbrunnen‹ **Puits à Six Seaux** aus dem Jahr 1579 bildet der Platz ein sehr reizvolles Ensemble.

Die Reformation konnte sich in der vermutlichen Geburtsstadt der hl. Odilie nicht durchsetzen, wohl nicht zuletzt wegen des hier geborenen, leidenschaftlich gegen die Reformation anpredigenden Franziskaners Thomas Murner (1469–1537).

Die katholische Kirche **St-Pierre-et-St-Paul** im Norden der Stadt ist ein neogotischer Bau, der aber Ausstattungsstücke seines spätgotischen Vorgängers bewahrt hat, so u.a. sehenswerte Fenster von Peter Hemmel aus Andlau (um 1480). Nahebei haben sich diverse malerische Reste der **Stadtbefestigung** erhalten. In der Rue de Sélestat steht die 1876 im romanischen Stil erbaute **Synagoge**. Im 1940 von den Nazis besetzten Elsass haben sich zahlreiche Synagogen erhalten und künden von der einstigen – zum Teil heute wieder erstandenen – Bedeutung jüdischen Lebens im Elsass. Ein romanisches **Adelshaus** aus dem frühen 13. Jh. steht in der *Rue des Pélerins 8* – wie der Name der Straße sagt, führt hier die Pilgerstraße zum Odilienberg.

Auf dem Weg von Obernai zum Odilienberg (D426) verdient die historische Waffenschmiede **Maison de la Manufacture d'armes blanches** (2, rue de l'École, Tel. 03 88 95 95 28, www.klingenthal.fr, Juni–Sept. Mi–Sa 14–18, So/Fei 10–19, Okt.–Dez., März–Mai Mi–So 14–18 Uhr) in **Klingenthal** Beachtung. Mit Aquarium, Museumsbauernhof und Streichelzoo lockt das Freizeitareal **Les Naïades** (30, route de Klingenthal, Tel. 03 88 95 90 32, www.parclesnaiades.com, März–Sept. tgl. 10–18.30, Okt.–Febr. Mo–Sa 14–18, So/Fei 10–18 Uhr) in **Ottrott**.

i Praktische Hinweise

Information

Office de Tourisme, Place du Beffroi, Obernai, Tel. 03 88 95 64 13, www.obernai.fr

Der stimmungsvolle Marktplatz von Obernai versetzt Besucher geradewegs ins Mittelalter

Wunderschön und erhaben ist der Blick von Osten auf die Klosterkirche Mont Sainte-Odile

Hotels

La Diligence, 23, Place du Marché, Obernai, Tel. 03 88 95 55 69, www.hotel-diligence.com. Schönes, zentral gelegenes Hotel am historischen Marktplatz, ohne Restaurant.

Vosges, 5, place de la Gare, Obernai, Tel. 03 88 95 53 78, www.hotel-obernai.com. Preiswerte, angenehme Unterkunft mit Restaurant (Do und Sa mittag geschlossen).

Restaurant

Cour des Tanneurs, ruelle du canal de l'Ehn, Obernai, Tel. 03 88 95 15 70. Freundliches Lokal mit vorzüglicher Küche (Di und Mi geschl.).

Reisefilm: Obernai
QR Code scannen [s.S.5] oder dem Link folgen: www.adac.de/rf0218

33 Mont Sainte-Odile
Odilienberg

Wallfahrt zur Patronin der Blinden.

Von alters her fühlte man sich auf Bergen sicherer als im Tal und obendrein dem Himmel näher. Der Mont Sainte-Odile, der **Heilige Berg des Elsass**, diente daher auch seit Urzeiten beidem, dem Schutz vor feindlichen Angriffen und der Verehrung höherer Mächte.

Eindrucksvoll, aber ob ihrer Bedeutung rätselhaft ist die sog. Heidenmauer, die **Mur Païen**. Die 10 km lange, den Bergrücken umfassende Ringmauer soll bereits um 1000 v. Chr. entstanden sein.

Die Römer benutzten den aufragenden Berg als natürliche Festung. Im Mittelalter entstand rund um das 763 m hohe Felsplateau mit seiner noch heute atemberaubenden **Fernsicht** ein Kranz von Burgen. Sie hatten die Aufgabe, die im 7. Jh. gegründete Abtei zu schützen, die nicht zuletzt von Frauen aus kaiserlicher Familie bewohnt wurde.

Die Gründung der Abtei geht zurück auf Odilia, die blinde Tochter des Herzogs Eticho, die um keinen Preis heiraten wollte. Das Wunder, dass sie durch die Taufe das Augenlicht erlangte – weswegen sie bis heute als Patronin gegen Augenleiden verehrt wird –, überzeugte auch den gestrengen Vater, der ihr die Hohenburg für ihre Klostergründung überließ. So zumindest berichtet es die Legende.

Das Nonnenkloster auf dem Vorgebirge entwickelte sich zu einem der wichtigsten politischen und geistigen Zentren der Region. 1167–95 wirkte hier Herrad von Landsberg als Äbtissin und verfasste ihren berühmten ›**Hortus Deliciarum**‹. Die gelehrte Zusammenschau von Bibeltexten und anderen Schriften ist als eine der bedeutendsten Enzyklopädien und als Quelle für mittelalterliche Bildvorstellungen bis heute von unschätzbarem Wert. Leider verbrannte die reich illustrierte Handschrift 1870 in Straßburg und ist nur in Teilkopien erhalten. 1546 verließen die Nonnen nach mehreren Feuersbrünsten endgültig das Kloster. Nach der Revolution wurde es Staatseigentum. 1853 kaufte es der Bischof von Straßburg zurück und gab es in die Obhut Straßburger Nonnen der *Congrégation des Sœurs de la Croix*.

Heute kontrastiert die Abgeschiedenheit des Ortes scharf mit einem lebhaften Wallfahrts- und Touristenrummel. Die Wirren der Zeit gingen am Odilienberg nicht spurlos vorüber. Mittelalterliches ist nur noch teilweise vorhanden. Insbesondere verdienen die **Odilienkapelle** (11. Jh.) mit dem Grab der um 720 verstorbenen Schutzheiligen des Elsass und die **Kreuzkapelle** aus dem 12. Jh. Beachtung. Beide befinden sich beim sog. *Odilienhof*, der 1853 anstelle des Kreuzganges errichtet wurde. Weiterhin fallen ein Relief mit thronender Madonna und Stifterinnen sowie ein Bildpfeiler mit figürlichen Reliefs aus dem 12. Jh. auf.

Kraftvolle Bandrippen und feine Steinmetzarbeiten zeichnen die romanische Kreuzkapelle aus

Mosaikgewölbe in der Chapelle des Larmes (Tränenkapelle) auf dem alten Klosterfriedhof

Wanderungen

Lohnend sind Spaziergänge in der waldreichen Umgebung zu den malerisch gelegenen *Burgruinen* in der Region. 20 Gehminuten vom Odilienberg entfernt liegt **Dreystein** aus dem 13./14. Jh. und fast nebenan das von der D426 aus in 5 Min. zu Fuß zu erreichende **Birkenfels**. Nördlich, bei Ottrott, locken die **Châteaux d'Ottrott** *Ratsamhausen* und *Lützelburg* (12.–15. Jh.) auf dem Elsberg, die über einen rot-weiß-rot markierten Wanderweg vom Parkplatz Herrenberg in Ottrott zu erreichen sind.

i Praktische Hinweise

Information

Kloster Mont Ste-Odile, Tel. 03 88 95 80 53, www.mont-sainte-odile.com. Einfache Zimmer und Restaurant.

Restaurant

L'Ami Fritz, 8, rue des Châteaux, Ottrott-le-Haut, Tel. 03 88 95 80 81, www.amifritz.com. Ausflugs- und Schlemmerlokal mit Garten. Auch Gästezimmer mit schöner Aussicht (Restaurant Mi geschl.).

Zu Recht sind die Einwohner von Andlau stolz auf ihr schmuckes Städtchen

34 Andlau

Viel Weinbau, ein Glasmaler und eine heilige Kaiserin.

Der Name Andlau ist in die Kunstgeschichte eingegangen durch den um 1420 hier geborenen Peter Hemmel. Er war nicht nur ein hochbedeutender, künstlerisch wie technisch gleichermaßen brillanter Glaskünstler, sein erhaltenes Werk ist darüber hinaus das umfangreichste, das je von einem Glasmaler des Mittelalters bekannt wurde. In seinem Geburtsort sind allerdings keine Arbeiten von ihm erhalten. Die überaus erfolgreiche Werkstatt befand sich in Straßburg, wo Hemmel Bürger, Hausbesitzer und Ratsherr war und 1506 starb.

Wichtigste Sehenswürdigkeit ist in Andlau die **ehem. Abteikirche Ste-Richardis**, heute *Saints-Pierre-et-Paul* (tgl. 9–18 Uhr). Das Kloster, das sich wie Murbach und Weißenburg der cluniazensischen Reformbewegung angeschlossen hatte, war Ende des 9. Jh. von Richardis, der von ihrem Gatten verstoßenen und später heiliggesprochenen Gattin Kaiser Karls III. des Dicken, gegründet worden. Ihr Grab wurde zur **Wallfahrtsstätte**, entsprechend blühte die seit 1287 reichsunmittelbare Abtei auf. 1499 wurde sie in ein adliges Damenstift umgewandelt, in der Französischen Revolution schließlich aufgelöst. Älteste erhaltene Teile sind die beiden Räume der **Krypta** aus dem 11. Jh. Aus dieser Zeit stammt auch die Skulptur einer **Bärin**, die der Legende nach bei der Suche nach einer Zufluchtsstätte für die unglückliche Kaiserin behilflich war. Die Stelle, die das Tier durch Kratzen markiert haben soll, ist auf dem Boden noch deutlich zu erkennen.

Die über der Krypta befindliche Kirche wurde 1130 zur kreuzförmigen Basilika mit rechteckigem Chor umgestaltet. Erhalten ist hiervon lediglich der Westbau mit interessanten Skulpturen und Reliefs am Obergeschoss, die aber zum Teil nachträglich in der heutigen Form zusammengefügt wurden. Im Tympanon sieht man Christus, flankiert von Petrus und Paulus, darunter Szenen der Schöpfungsgeschichte, seitlich Wohltäter des Klosters. Ein Fries mit mythologischen Szenen und Fabeltieren umgibt den Westbau. 1160/61 erneuerte man die durch Brand zerstörten Ostteile. Das Langhaus wurde in den Jahren 1698–1704 als Emporenbasilika in Anlehnung an den romanischen Stil erbaut.

Ausstattungsstücke haben sich aus dem 15. bis 18. Jh. erhalten. Besonders interessant ist eine Glasscheibe mit dem gekrönten Christus und zwölf Prophetenköpfen aus der Zeit um 1210. Die Glasmalerei war also in Andlau schon lange vor Peter Hemmel hoch entwickelt.

Im Ort gibt es reizvolle **alte Häuser**, u.a. ein 1623 datiertes Renaissancegebäude (15, rue du Maréchal-Foch) und die vom Deutschordensbaumeister Bagnato 1777 neu errichteten Bauten der 1312 gegründeten **Komturei**. Nicht zu übersehen ist auf der *Place du Marché* der schöne, um 1500 entstandene **Brunnen der hl. Richardis** mit der Figur der legendären Bärin. Des Weiteren gibt es die interessante **Friedhofskapelle** St. Andreas, deren Chorturm Freskenreste aus dem 14. Jh. aufweist.

Tympanon von Ste-Richardis mit thronendem Christus zwischen Petrus und Paulus

Nur 2 bzw. 3 km nordwestlich liegen zwei gut erhaltene Burgruinen aus dem 14. Jh.: Schloss **Haut-Andlau** mit den beiden runden Bergfrieden war 1806 noch bewohnt. Bei der **Spesburg** verbinden sich harmonisch Wehrhaftigkeit und vergleichsweise aufwendiger Wohnkomfort, abzulesen an den schönen gotischen Fensterreihen des Palas.

Barr

Der Weg nach Andlau führt von Nordosten über Barr, ein reizvolles altes Städtchen, das – wie die meisten der Region – eine wechselhafte Geschichte mit vielen Zerstörungen und Neuanfängen aufweist. Einiges, wie der alte Chorturm der katholischen **Église St-Martin** (ca. 1220), hat die Wirren der Zeiten überlebt. Der *Marktplatz* mit dem 1640 auf alten Grundmauern erbauten Schloss bildet ein harmonisches Ensemble. Lohnend ist ein Besuch des **Musée de La Folie Marco** (30, rue du Docteur-Sultzer, Tel. 03 88 08 94 72, Mai–Sept. Mi–Mo 10–12 und 14–18, Okt. Sa/So 10–12 und 14–18 Uhr), das im 1763 erbauten Wohnhaus des lebenslustigen Verwalters der Herrschaft Barr, Louis-Felix Marco, eingerichtet wurde. Das kleine Museum vermittelt ein anschauliches Bild bürgerlicher Wohnkultur vom Ende des 18. Jh. Anfang Oktober feiert ganz Barr die **Fête des Vendanges**, ein feucht-fröhliches Weinlesefest.

Im Sommer verwandelt sich der Rathausplatz von Barr in ein wahres Blumenmeer

i Praktische Hinweise

Information

Office de Tourisme, place de la Mairie, Andlau, Tel. 03 88 08 22 57, www.pays-de-barr.com

Office de Tourisme, place de l'Hôtel de Ville, Barr, Tel. 03 88 08 66 65, www.pays-de-barr.com

Weinproben

Die *Offices de Tourisme* in Andlau und Barr vermitteln gern eine Weinprobe in einem der zahlreichen **historischen Keller**. In Barr findet zudem im Juli/Aug. donnerstags um 16 Uhr eine kostenlose Führung durch den sog. **Weinlehrpfad** (Sentier Viticole) mit Kellereibesichtigung statt.

Hotels

Kastelberg, 10, rue du Général Koenig, Andlau, Tel. 03 88 08 97 83, www.kastelberg.com. Preiswertes Hotel mit Restaurant (nur abends).

Le Brochet, 9, place de l'Hôtel de Ville, Barr, Tel. 03 88 08 92 42, www.le-brochet.fr. Schöner alter Gasthof im Stadtzentrum, die Küche bietet deftige, regionale Spezialitäten.

Barocke Prachtentfaltung zeichnet den Innenraum von St-Maurice in Ebersmunster aus

35 Ebersmunster
Ebersmünster

Barocke Grüße aus Vorarlberg.

Der kleine Ort an der Ill besteht fast nur aus den Gebäuden des **ehem. Benediktinerklosters**. Der hl. Deodat soll die Abtei 667 zum Dank für den glücklichen Ausgang eines Jagdunfalls im Auftrag von Eticho, dem Vater der hl. Odilia, gegründet haben. Beim Bau wurden Steine eines Tempels benutzt, der zu der römischen Siedlung *Novientum* gehörte.

TOP TIPP

Einer später gotisch veränderten Kirche von 1155 folgte der heutige dreitürmige Bau von **St-Maurice** (Juni–Okt. tgl. 9–18, Nov.–Mai tgl. 9–17 Uhr). Er wurde 1710–15 von dem Vorarlberger Baumeister Peter Thumb (1681–1766) errichtet. Nachdem das Gotteshaus durch einen Blitzschlag 1717 fast ganz zerstört worden war, musste Thumb noch einmal von vorne beginnen. Seine Architektur gilt als Musterbeispiel für einen Kirchenbau des **Vorarlberger Schemas**. Die 1727 fertiggestellte Stiftskirche von Ebersmünster ist die einzige dieser Art im Elsass.

Charakteristisch für solche Barockkirchen sind ein tonnengewölbtes Langhaus mit Wandpfeilern, die die angedeuteten Seitenschiffe kapellenartig aufgliedern, Emporen über den Seitenschiffen, ein verkürztes, meist nicht über die Umfassungsmauern der Seitenschiffe hinausragendes Querschiff und ein eingezogener, von Nebenräumen und Emporen flankierter Chor.

Die **Innenausstattung** mit Fresken, Stuckaturen und dem Hochaltar wurde erst um 1760 fertiggestellt. Nachdem die Revolution einigen Schaden angerichtet hatte, wurde der Bau im 19. Jh. grundlegend restauriert. Damals entstand u.a. die **Kanzel**, bei der man eine eindrucksvolle Trägerfigur des Samson aus dem 17. Jh. wieder verwendete.

Kostbarster Besitz der Kirche ist die um 1732 gefertigte **Orgel** von Andreas Silbermann, nach der von Maursmünster das am besten erhaltene Instrument des Straßburger Meisters. An den Mai-Sonntagen finden hier Konzerte statt (Auskünfte bei Les Amis de l'Eglise Abbatiale, Ebersmunster, Tel. 03 88 85 78 32 und beim Office de Tourisme).

Benfeld

Etwas nördlich, an der N83, liegt Benfeld inmitten eines ausgedehnten *Tabakanbaugebietes*. In dem kleinen Ort gibt es ein **Rathaus** von 1531 zu sehen, mit 1619 angefügtem achteckigem Treppenturm und skulptiertem Portal. Die Uhr zeigt die Figur des ›Stubenhansel‹, der für einen Beutel Golddukaten die Stadt 1331 an die Bayern und an die Württemberger verraten haben soll.

i Praktische Hinweise

Information

Office de Tourisme, place de la République, Hôtel de Ville, Benfeld, Tel. 03 88 74 04 02, www.grandried.fr

Restaurants

Au Vieux Couvent, 6, rue des chanoines, Rhinau, 13 km östlich von Benfeld, Tel. 03 88 74 61 15. Eines der besten Restaurants der Region, sehr kultivierte Elsässer Küche, schön gelegen, Gartenterrasse am Rheinufer (Mo abend, Di/Mi geschl.).

Aux Deux Clefs, 23, rue du Général Leclerc (neben der Kirche), Ebersmunster, Tel. 03 88 85 71 55. Spezialität Süßwasserfische (Mo und Mi geschl.).

36 Dambach-la-Ville

Malerisches Weindorf am Fuß der Vogesen.

Fährt man auf der D210 von Osten, aus der Ebene, auf Dambach zu, ist der **Terrassenaufbau** der Landschaft besonders eindrucksvoll zu erleben: die sanften Umrisse der Weinberge, dahinter das mächtige Profil der Berge, dunkle Wälder, Ruinen trutziger Burgen. Zu Füßen der Hügel und Höhen liegen an der Weinstraße einladende Dörfer, eines schöner als das andere – ein idyllisches Bild –, doch Burgruinen und Befestigungsanlagen künden auch von kriegerischen Zeiten.

Dambach (2000 Einw.) ging 1227 aus dem Besitz der Grafen von Eguisheim in den der Bischöfe von Straßburg über. Ein solcher verlieh dem Dorf Stadtrecht und ließ es 1340 befestigen. Von der damaligen Anlage haben sich drei Tore erhalten. Die neoromanische **Kirche** von 1865 erinnert mit ihren Emporen an die von Andlau [Nr. 34].

Neben schönen Fachwerkhäusern ist vor allem die 1285 erbaute **Sebastianskapelle** über der Stadt in den Weinbergen bemerkenswert. Bis 1489 diente sie als Pfarrkirche, ein Friedhof umgab sie. Ölberg und Beinhaus haben sich erhalten. Von hoher Qualität ist der reich geschnitzte **Sebastiansaltar** von 1690–92, den Clemens und Philipp Winterhalter mit Johann Beier schufen. Zwischen den für diese Zeit typischen Akanthusranken und gedrehten Säulen zeigt die Mittelgruppe die Heilige Familie. Ihr Zentrum, das Christuskind, wird zugleich durch Gottvater und die Taube des Heiligen Geistes in eine zweite Gruppe hineingenommen, die der Dreifaltigkeit: Himmel und Erde durchdringen einander.

Château de Bernstein

Von der Sebastianskapelle ist es zu Fuß eine knappe Stunde zur 562 m hoch gelegenen Ruine der **Burg Bernstein**, die um 1200 von den Grafen von Eguisheim erbaut, 1227 vom Straßburger Bischof erobert und im Dreißigjährigen Krieg zerstört wurde. Mit ihrem fünfeckigen Bergfried, dem sorgfältig behauenen Bossenwerk aus Granit, mit den eleganten Doppelfenstern und der im quadratischen Turm untergebrachten Burgkapelle kann Bernstein als eines der einheitlichsten Beispiele für spätromanischen Burgenbau gelten. Der Torbau stammt allerdings aus dem Spätmittelalter.

Epfig

Etwas nördlich von Dambach liegt das Dorf Epfig, in dem am Ortsende, zur Ebene hin, die romanische **Chapelle-Ste-Marguerite** (www.ste-marguerite-epfig.fr,

In Holz und von Putten flankiert blickt Gottvater vom Altar der Sebastianskapelle

Nunmehr als Ruine wacht die Ortenburg über die Weinberge um Scherwiller

März–Okt. tgl. 8–19, Nov.–Febr. tgl. 8–17 Uhr) begeistert. Es handelt sich um einen ebenso schlichten wie wohlproportionierten Bau des 11. Jh. mit mächtigem Vierungsturm, Resten von mittelalterlicher Wandmalerei und einem Beinhaus.

i Praktische Hinweise

Information

Office de Tourisme, Mairie, 11, place du Marché, Dambach-la-Ville, Tel. 03 88 92 41 05, www.pays-de-barr.com

Weinproben

Neben zahlreichen Winzereibetrieben bietet das Tourismusbüro Juli/Aug. jeweils Di um 17 Uhr eine kostenlose Führung durch einen **Weinberg** mit anschließender Gelegenheit, einen der edlen hiesigen Tropfen zu verkosten.

Hotel

Le Vignoble, 1, rue de l'Église, Dambach-la-Ville, Tel. 03 88 92 43 75, www.hotel-vignoble-alsace.fr. Preiswerte Unterkunft in schönem historischem Fachwerkhaus.

Restaurant

Kirmann, 6, rue des Alliés, Epfig, Tel. 03 88 85 51 17, www.kirmann.com. Ausflugsgasthof mit großer Terrasse, Fr/Sa meist Folkloreabende.

37 Scherwiller
Scherweiler

Umgeben von Weinbergen und prächtigen Burgen.

Von Dambach gelangt man auf der D35, vorbei am Weinbauerndorf *Dieffenthal*, zu dem südlich gelegenen Scherwiller, Zentrum des Rieslinganbaus im Elsass. Das kleine Winzerdorf (3000 Einw.) ist geprägt von reizvollen Fachwerkbauten, u. a. die *Corps de Garde* aus dem 17. Jh. Wegen seiner exponierten Lage am Ausgang der Flusstäler der Giessen und Lièpvrette hat ihm die Geschichte mehrfach heftig mitgespielt. Im 13. Jh. kämpfte hier Habsburg gegen Nassau und 1525 während der Bauernkriege wurden auf Befehl Herzog Antons von Lothringen 13 000 Aufständische hingemetzelt.

TOP TIPP Château d'Ortenbourg

Von Dambach (Start: Sebastianskapelle) nach Scherwiller bietet sich ein sehr schöner Spaziergang (ca. 6 km) entlang eines *Waldlehrpfades* durch ein kleines *Naturschutzgebiet* an. An dieser Route liegt die interessante Ruine der **Burg Ortenberg**, die 1262 von Rudolf von Habsburg zum Schutz gegen den Straßburger Bischof erbaut wurde. Wie ein Kristall ragt der 32 m hohe, fünfeckige Bergfried auf, elegant schmücken Reihen von je zwei Lanzettfenstern, mit *Okuli* unter Spitzbögen zusammengefasst, den Wohntrakt. 1293 wurde die Burg im Auftrag des Staufer-Gegners Adolph von Nassau durch Otto von Ochsenstern zerstört, dem Erbauer der benachbarten kleineren Burg **Ramstein**, die ihrerseits 1633 das gleiche Schicksal traf.

i Praktische Hinweise

Information

Office de Tourisme, 30, rue de la Mairie, Corps de Garde, Scherwiller, Tel. 03 88 92 25 62, www.chatenois-scherwiller.net

Hotel

Ramstein, 1, rue du Riesling, Scherwiller, Tel. 03 88 82 17 00, www.hotelramstein.fr. An der ›Route des Vins‹ gelegenes modernes Haus mit Garten, schöne Aussicht (Restaurant So und Mo geschl.).

38 Châtenois

Dörfchen im Kastanienwald.

Unmittelbar westlich von Sélestat liegt Châtenois, ›Kestenholz‹. Der Name bezieht sich auf das italienisch anmutende Vorkommen von **Esskastanien** in dieser klimatisch gesegneten Landschaft. Erstmals erwähnt wurde der Ort im 12. Jh., damals als *Castinetum* genannter Hof der Abtei **Niedermünster** am Osthang des Odilienberges (heute St-Nabor).

Die Kirche **St-Georges** in Châtenois ist barock, hat aber einen mächtigen romanischen Turm mit einer Bekrönung von 1525 und steht in einem befestigten Friedhof (*Cimitière fortifié*). Hierher flüchtete sich die Bevölkerung, als 1473 Karl der Kühne mit seinen Truppen durchzog.

Von der alten Stadtbefestigung ist noch der sog. *Hexenturm* aus dem Jahr 1432 erhalten. Hübsch anzuschauen sind auch das *Rathaus* vom Ende des 15. Jh. und das Gebäude des *Gasthaus Adler* vom Beginn des 16. Jh.

Château de Frankenbourg

In der näheren Umgebung verdienen die Ruinen der **Frankenburg** (ca. 10 km nord-

Lebendiges Mittelalter: Musikanten bei einer Historienveranstaltung in Châtenois

Die Ruine von Burg Kintzheim, im Hintergrund hoch aufragend die Hohkönigsburg

westlich über Neubois erreichbar) Beachtung. Die 1123 erstmals erwähnte Feste wurde nach einem Brand im Jahre 1585 wieder aufgebaut und verfiel nach dem Dreißigjährigen Krieg. Dank ihrer Lage in 700 m Höhe auf dem Altenberg bietet sich von der Frankenburg eine wunderschöne **Aussicht** auf das Lièpvrette-Tal.

Château de Kintzheim

Die eindrucksvolle Burgruine ca. 3 km im Süden von Châtenois dient heute als Greifvogelwarte **Volerie des Aigles** (Tel. 03 88 92 84 33, www.voleriedesaigles.com) mit Flugvorführungen und Zentrum zur Wiedereingliederung der Störche (Park geöffnet von Anfang April–Mitte Nov. Vorführungen etwa im Stundentakt, in der Regel tgl. ab 14.30 bis 17 Uhr, Sept.–Mitte Nov. nur Mi, Sa, So, Fei).

Ganz schön mutig – junger Besucher der Greifvogelwarte auf Burg Kintzheim

Nahebei bereitet die **Montagne des Singes** (www.montagnedessinges.com, Ende März–April, Okt. tgl. 10–12 und 13–17, Mai/Juni, Sept. tgl. 10–12 und 13–18, Juli/Aug. tgl. 9.30–18 Uhr) Vergnügen. Auf dem Affenberg, einem 24 ha großen Waldrevier, leben über 200 Berberaffen.

i Praktische Hinweise

Information

Office de Tourisme, 2, rue Clémenceau, Châtenois, Tel. 03 88 82 75 00, www.chatenois-scherwiller.net

Hotel

Dontenville, 94, route du Maréchal Foch, Châtenois, Tel. 03 88 92 02 54, www.hotel-dontenville.fr. Unterkunft und Restaurant mit landestypischer Küche (Di geschl.).

Restaurant

Auberge le Meisenberg, 1, Rue Clemenceau, Châtenois, Tel. 03 88 82 55 78, www.aubergelemeisenberg.com. Gute Küche in einem alten Fachwerkhaus, besonders schön sitzt man im romantischen Garten (Di/Mi geschl.).

39 Sélestat
Schlettstadt

Stadt der Humanisten mit einer Bibliothek von Weltrang.

Wichtigste Stadt an der nördlichen Weinstraße ist, kurz vor der Départementgrenze, das rund 19 000 Einwohner zählende Sélestat.

Geschichte Schon die Römer siedelten hier zwischen den Flüsschen Ill und Giessen, später entwickelte sich eine aufstrebende fränkische *Pfalz*. 1094 wurde ein *Cluniazenser-Priorat* gegründet.

Das Priorat stand unter dem Schutz der Staufer. 1217 ließ Friedrich II. die Siedlung befestigen, die sich um das Kloster gebildet hatte. 1258 ist ein Stadtrat bezeugt, 1292 gewährte Adolf von Nassau das Stadtrecht, 1354 trat Schlettstadt der *Dekapolis* bei. Goldenes Zeitalter war das 15. Jh. Die 1441 reorganisierte Lateinschule wurde zu einem überregional bedeutenden Mittelpunkt des deutschen **Frühhumanismus**. 1000 Schüler aus ganz Europa studierten zu dieser Zeit im kleinen Sélestat. Persönlichkeiten, die aus dieser Schule hervorgingen, waren der 1450 hier geborene Jurist und Theologe *Jacob Wimpfeling* († 1528), der zu einem Wegbereiter der Reformation im Elsass wurde, der Reformator *Martin Butzer* (1491–1551) und der 1485 ebenfalls in Schlettstadt geborene Philologe *Beatus Rhenanus* († 1547).

Besichtigung Rhenanus' mehr als 500 Bände umfassende Privatbibliothek legte den Grundstock zur 1452 gegründeten städtischen **Bibliothèque Humaniste** (Bis vorauss. 2018 wegen eines groß angelegten Umbauprojektes geschl.), die heute in der ehem. Getreidehalle in der Rue de la Bibliothèque untergebracht ist. Sie umfasst kostbare merowingische und karolingische Handschriften, antike Texte, Schlettstädter und Straßburger Drucke, aber auch Fotos, Glasfensterfragmente, römische Keramik und mittelalterliche Skulptur von zum Teil herausragender Qualität.

Die romanische **Kirche Ste-Foy** mit ihrer markanten Doppelturm-Fassade, dem oktogonalen Vierungsturm und einer Vorhalle mit reich ornamentiertem Portal (im Tympanon der thronende Christus mit den vier Evangelistensymbolen) geht auf eine 1087 von Hildegard von Büren, der Großmutter Kaiser Barbarossas, gestiftete Kapelle zurück. Die Stiftung ging 1094 als Geschenk an die Abtei Ste-Foy in Conques, die daraufhin in Schlettstadt ein Priorat einrichtete, dessen Kirche wohl gegen 1200 vollendet wurde.

Die heutige Kirche war wohl gegen 1200 vollendet. 1498 wurde das Priorat aufgegeben, 1614 übernahmen Jesuiten

Die romanische Kirche Ste-Foy in der verwinkelten Altstadt von Sélestat

Bedeutungsvolle romanische Bildsprache an den Kapitellen von Ste-Foy

die Anlage. Die von ihnen durchgeführten barocken Veränderungen wurden im 19. Jh. rückgängig gemacht, wobei manches typisch ›Romanische‹ neu erfunden wurde, z.B. die Bedachung der Türme. Bedingt durch die Proportionen der drei Wandfelder, treten an der Fassade rechts und links Spitzbögen auf.

Auch im **Inneren** findet sich dieser ›Vorklang‹ der Gotik im noch ganz und gar romanischen Kontext. Stützenwechsel und gebundenes System mit Rippenwölbung bestimmen den basilikalen Raum. Einziges Überbleibsel der barocken Einrichtung ist die Kanzel von 1733.

Die zweite Kirche von Sélestat, die Pfarrkirche **St-Georges**, erhebt sich über den Resten einer karolingischen Rotunde. Hier war es wohl, wo der fränkische Königshof stand und Karl der Große 775 das Weihnachtsfest feierte.

Die dreischiffige Basilika stammt aus dem 13.–15. Jh. und ist durch Restaurierungen des 19. Jh. geprägt. Schauseite ist die Südflanke, hier verbinden sich Portal und Turm zu eindrucksvoller Fassade. Die Skulpturen entstammen der Zeit der Restaurierung. Im Inneren sind eine Steinkanzel von 1619 zu sehen sowie Freskenreste, Skulpturen des 18. Jh. und Glasfenster des 15. Jh., die der Glasmaler Max Ingrand (1908–69) modern ergänzte.

Die einstige Franziskanerkirche **Église des Recollets** von 1280 mit ihrem 1430 errichteten Glockenturm am Marché-aux-Pots dient heute als evangelisches Gotteshaus. In der Rue Turenne hat sich das ehem. **Dominikanerinnenkloster** aus dem Jahr 1286 erhalten.

Unter zahlreichen sehenswerten Profanbauten sind die 1541 begonnene **Stadtresidenz** der Abtei Ebersmünster (8, rue de l'Église) und das Zeughaus **Arsenal Ste-Barbe** mit Festsaal an der Place de la Victoire besonders hervorzuheben. Nicht weit nördlich davon liegt die **Maison Ziegler** (18, rue de Verdun). Das 1538 vom Stadtbaumeister Stephan Ziegler erbaute Privathaus trägt einen schönen Renaissanceerker und Bildnismedaillons bedeutender Baumeister der Antike. Zudem sind die respektablen Reste der **Stadtbefestigung**, vor allem der Uhrenturm *Tour de l'Horloge* (Ende 13. Jh.) und der Hexenturm *Tour des Sorcières* (14./15. Jh.) an der Place de la Porte de Strasbourg neben dem *Straßburger Tor* von 1691 außerordentlich sehenswert. Im letzteren Turm wurden im 17. Jh. der Hexerei beschuldigte Frauen eingekerkert.

Eine besondere Attraktion ist das im historischen Gebäude der Bäckerzunft von 1522 eingerichtete Brotmuseum **Maison du Pain d'Alsace** (rue du Sel, Tel. 03 88 58 45 90, www.maisondupain.org, Di–So 9–12.30, 14–18 Uhr). In seiner Backstube wird anschaulich die Fertigung regionaler Brotspezialitäten demonstriert.

Das inoffizielle Wappentier des Elsass, der Weißstorch, ist auch in Sélestat heimisch

Der markante, erkergeschmückte Uhrenturm gehörte zur Schlettstadter Stadtbefestigung

Marckolsheim

An der D424 liegt 13 km südöstlich von Sélestat, im Süden des Städtchens Marckolsheim, das **Musée Mémorial de la Ligne Maginot** (Route du Rhin, Tel. 03 88 92 56 98, Mitte März–Mitte Juni und Mitte Sept.–Mitte Nov. So/Fei 9–12 und 14–18 Uhr, Mitte Juni–Mitte Sept. tgl. 9–12 und 14–18 Uhr). Das Museum nutzt die erhaltene Kasematte Nr. 35 der 3. Verteidigungslinie der Maginot-Linie für seine Ausstellung zum Zweiten Weltkrieg, die auch Panzer und Geschütze umfasst.

i Praktische Hinweise

Information

Office de Tourisme, 10, bd. du Général Leclerc, Sélestat, Tel. 03 88 58 87 20, www.selestat-tourisme.com

Hotels

Auberge des Alliés, 39, rue des Chevaliers, Sélestat, Tel. 03 88 92 28 00, www.aubergedesallies.fr Modernes, gepflegtes Hotel, zentral gelegen, mit Restaurant (So abend und Mo geschl.).

Hostellerie Abbaye de la Pommeraie, 8, bd. du Maréchal-Foch, Sélestat, Tel. 03 88 92 07 84, www.pommeraie.fr. Edel eingerichtete Unterkunft für gehobene Ansprüche am Rand der Altstadt, kulinarische Köstlichkeiten im Restaurant ›Le Prieuré‹ (So abend und Mo mittag geschl.), bodenständige Küche im ›s'Apfelstuebel‹ (Sa abend geschl.).

Restaurant

TOP TIPP **La Vieille Tour**, 8, rue de la Jauge, Sélestat, Tel. 03 88 92 15 02, www.vieille-tour.com. Zentral gelegenes, angenehmes und preisgünstiges Lokal in einem historischen Haus, flankiert von einem mittelalterlichen Turm, mit bemerkenswert ideenreicher Küche auf bodenständig-traditioneller Grundlage (Mo geschl.).

40 Haut-Koenigsbourg
Hohkönigsburg

TOP TIPP *Grandiose Märchenresidenz eines deutschen Kaisers.*

Die imponierende Hohkönigsburg (Juni–Aug. tgl. 9.15–18 Uhr, April/Mai, Sept. tgl. 9.15–17.15, März, Okt. tgl. 9.30–17, Jan./Febr., Nov./Dez. tgl. 9.30–12 und 13–16.30 Uhr) liegt unübersehbar in 757 m Höhe und in der stolzen Länge von 270 m auf einem abgeflachten Kegelberg inmitten des Schlettstadter Waldes. Sie sieht aus, wie man sich gemeinhin eine **mittelalterliche Ritterburg** vorstellt. Wehrtürme, Mauern, Bergfried – alles ist vorhanden

Nicht einmal Walt Disney könnte eine schönere Ritterburg erfinden als Haut-Koenigsbourg

und alles ist intakt. Diese Märchenansicht hat sie dem Preußenkaiser Wilhelm II. zu verdanken, der die Ruine der erstmals 1147 erwähnten damaligen Burg **Estufin** 1899 von der Gemeinde Schlettstadt geschenkt bekam. Von seinem ›Burgen-Spezialisten‹ Bodo Ebhardt ließ sich der Kaiser das Gemäuer zur mittelalterlichen Residenz ausbauen. Heute ist sie mit jährlich etwa 500 000 Besuchern die meistbesuchte Burg der Region

Die vorausgegangene Geschichte war wechselhaft. Im 12. Jh. gehörte ein Teil der Burg dem Kaiser, ein anderer dem Herzog von Schwaben. Im 13. Jh. übernahm sie der Herzog von Lothringen. Einer der von ihm angesiedelten Vasallen erbaute sich sein eigenes Schloss, die nur 200 m westlich als Ruine erhaltene *Oedenburg*. Ihr Name weist allerdings darauf hin, dass der Platz schon am Ende des Mittelalters ›verödet‹ war, während die Hohkönigsburg in die Hände von *Briganten* fiel, was 1465 die vereinigten Städte der Umgebung veranlasste, das **Räubernest** auszuheben.

1479 wurde die Burg im Auftrag Kaiser Friedrichs III. restauriert, im 16. Jh. erweiterten und modernisierten die damaligen Besitzer, Erben des Franz von Sickingen, die Befestigungsanlagen. 1633 wurde die Burg im Dreißigjährigen Krieg von den Schweden zerstört.

Nach ihrer historistisch-nationalistischen Wiederherstellung diente die Burg 1939 als Schutzraum für Kunstgüter, 1944

Die Maginot-Linie

Soldatenfriedhöfe und Befestigungsanlagen begegnen Reisenden im Hinterland der ›fröhlichen Weinberge‹ immer wieder und vieles erinnert an eine Zeit, in der Frankreich und Deutschland erbitterte ›Erbfeinde‹ waren. Unendlich viel Leid und Unrecht geschah in zahllosen Kriegen, zuletzt 1870/71, 1914/18 und 1944/45.

In den dreißiger Jahren des 20. Jh. erbauten die Franzosen an ihrer Ostgrenze ein umfangreiches **Befestigungssystem** aus Bunkern, Unterständen und Panzersperren. Es war von Marschall Pétain angeregt und nach dem damaligen Kriegsminister, André Maginot, benannt worden.

Das Verteidigungssystem sollte Frankreich vor einem deutschen Angriff schützen. Doch die deutschen Truppen umgingen die Maginot-Linie im Mai/Juni 1940 und drangen von Norden her, über das neutrale Belgien, in Frankreich ein. Am 6. Juni 1944 landeten die Alliierten in der Normandie, am 15. August in der Provence. Im November erreichten sie das Elsass, doch die Deutschen eroberten in heftigen Kämpfen wesentliche Teile wieder zurück. Am 19. März 1945 schließlich verließ die Wehrmacht das Gebiet links des Rheins. Der Krieg hatte auf beiden Seiten zahllose Menschenleben gekostet, aber auch Baudenkmäler und Kunstwerke zerstört.

wurde sie von den Amerikanern besetzt. Heute kann sie besichtigt werden und ist mit ihren teils konsequent rekonstruierten, teils fantasievoll ergänzten Sälen, Höfen, Türmen und Verteidigungsanlagen eines der beliebtesten Ziele der Elsass-Besucher. Von ›Mittelalter‹ und Gastronomie wird alles geboten, was das Herz erfreut.

St-Hippolyte

Das südlich zu Füßen der Haut-Koenigsbourg gelegene, sehr malerische Weinbauerndorf (1200 Einw.) gehört schon zum *Département Haut-Rhin* und dient als beliebter Ausgangspunkt für Ausflüge zu der das Ortsbild beherrschenden Burg.

Das bereits im 8. Jh. erwähnte *Fulradovilar* bzw. **St-Pilt**, zu deutsch St. Pölten, geht auf ein von Abt Fulrad gegründetes Priorat zurück. In der **Pfarrkirche St-Hippolyte** aus dem 15. Jh. mit Um- und Anbauten bis zum 19. Jh. befindet sich ein neuerer Reliquienschrein des Titelheiligen von 1766. Ein älterer Schrein aus dem 15. Jh. wird im Unterlinden-Museum in Colmar aufbewahrt.

i Praktische Hinweise

Information

Château du Haut-Koenigsbourg, Tel. 03 69 33 25 00, www.haut-koenigsbourg.fr. Kostenlose Parkplätze bei der Burg.

Reisefilm: Haut-Koenigsbourg
QR Code scannen [s. S. 5] oder dem Link folgen: www.adac.de/rf0215

Die südliche Weinstraße – sinnenfreudiges Hügelland

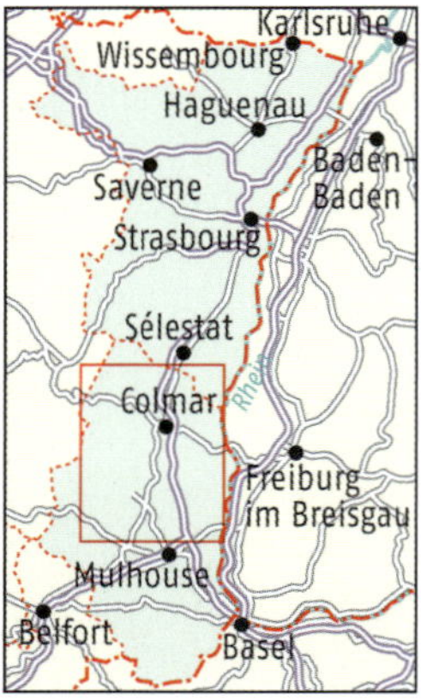

Sorgfältig gepflegte Städtchen und Winzerdörfer in paradiesischer Lage, hochbedeutende historische Baudenkmäler, Höhenstraßen wie die **Route des Crêtes**, Weinberge und Wanderwege mit hinreißenden Ausblicken – all das charakterisiert diesen Teil des Elsass. Die **Berge** erreichen im südlichen Vogesenbereich beachtliche Höhen: Ballon d'Alsace 1247 m, Petit Ballon 1267 m, Grand Ballon 1424 m: Der Name ›Ballon‹, zu Deutsch ›Belchen‹, verweist auf ihre Halbkugel-Gestalt.

Dass die Preise hier zumindest in der Saison merklich höher liegen als im nördlichen Teil des Elsass, ergibt sich aus der **Beliebtheit der Region**. Doch wenn man etwas flexibel ist, findet man günstige Privatquartiere oder auch Unterkünfte im weniger besuchten ›Hinterland‹ der Weinstraße.

Die hier vorgenommene Einteilung der Route des Vins entspricht dem Verlauf der Grenze zwischen den beiden *Départements Bas-Rhin* und *Haut-Rhin*. Hauptstadt des Letzteren ist **Colmar**, Kulturstadt ersten Ranges, die mit Meisterwerken wie Grünewalds Isenheimer Altar aufwartet.

41 Ribeauvillé
Rappoltsweiler

Drei Burgen und drei Grands Crus.

Das hübsche **Winzerstädtchen** mit seinen heute knapp 5000 Einwohnern wurde im 13. Jh. befestigt. Teile der Anlage sind erhalten, insbesondere neben einem schönen Renaissancebrunnen der eindrucksvolle Metzgerturm, **Tour des Bouchers**, der Ober- und Unterstadt trennt. Beide Stadtteile wurden 1341 mit einer gemeinsamen Mauer umgeben.

1525 plünderten die Bürger im Bauernkrieg die Kirchen. 1563 wurde die Reformation eingeführt, 1648 die Stadt unter französische Protektion genommen. Von 1871 bis 1918 war die Stadt Verwaltungssitz des Kreises Rappoltsweiler.

Parallel zum Strengbach bildet die Grand'Rue das Rückgrat des Stadtorganismus. Hier befinden sich die meisten der bemerkenswerten Häuser, an denen die Stadt so reich ist. Als Beispiel sei das **Haus des Ave Maria** vom Ende des 17. Jh. mit seiner Verkündigungsdarstellung er-

Inmitten von Weinbergen gebettet ist das reizvolle Winzerstädtchen Ribeauvillé

wähnt, auch ›Pfeiferhaus‹ genannt. Der alte Brauch des **Pfeiferkönigs** lebt bis heute als Volksfest fort: Das traditionelle, bunte Musikfest **Pfifferdaj** findet jeweils am ersten Sonntag im September statt. Dabei kommen auch die schönen Trachten zur Geltung.

TOP TIPP

Im **Rathaus** (kostenlose Führungen Mai–Sept. Di–Fr, So 10, 11 und 14 Uhr) von 1773 sind im sog. *Roten Salon* wertvolle Goldschmiedearbeiten und Silbergeschirr aus der Sammlung der Herren von Rappoltstein ausgestellt. Das dafür verwendete Silber stammt aus den Minen bei Ste-Marie-aux-Mines. Die einstige **Augustinerkirche** gegenüber dem Rathaus geht auf das 14. Jh. zurück, der heutige Bau entstand 1776–79. Die katholische Pfarrkirche **St-Gregoire-le-Grand** ist eine dreischiffige Gewölbebasilika, erbaut 1282–1473. Sie wurde 1876 nach Osten verlängert, wobei man den alten Chor wieder aufbaute. Im Inneren sind Ölbergstatuen (um 1500) und eine Mondsichelmadonna (um 1470) bemerkenswert. Die Orgel von 1700 wurde 1749 aus dem Temple-Neuf in Straßburg erworben. Leider wenig passend sind die Fenster von 1951–52.

Seit mehr als 600 Jahren bewacht der Metzgerturm den Eingang zur Unterstadt

Burgen von Ribeauvillé

Drei Burgen aus dem 12. Jh. – *Haut-Ribeaupierre, St-Ulrich* und *Girsberg* – überragen das Städtchen, drei Grand Crus-Weinlagen – Geisberg, Kirchberg und Osterberg – umgeben sie. Die heutigen Burgruinen gehörten den Grafen von Rappoltstein (Ribeaupierre). Über einen Wanderweg entlang des Berghangs (Infos beim *Office de Tourisme*) sind alle drei Burgen vom Ort aus zu erreichen.

Die älteste und interessanteste, die **Ulrichsburg**, so benannt nach der dortigen St. Ulrich-Kapelle, wurde 1084 erstmals erwähnt. Sie war noch bis ins 17. Jh. bewohnt. Die heute sichtbare Substanz stammt vorwiegend aus dem 12. und 13. Jh. Zwei Wohntürme machten den Anfang, hinzu kamen weitere Bauten, so der wunderbare Rittersaal und die Kapelle mit tribünenartigem Obergeschoss. Auch Nebengebäude aus der Renaissancezeit sind erhalten.

Ste-Marie-aux-Mines

Von Ribeauvillé aus empfiehlt sich eine Fahrt durch den nordwestlich gelegenen *Parc naturel régional des Ballons des Vosges*. Die sehr schöne D416 führt knapp 20 km durch die Wälder nach *Ste-Marie-aux-Mines*, dem ehem. Markirch. Die dortigen **Silberminen** wurden im 16./17. Jh. genutzt. Im Sommer können zwei von ihnen besichtigt werden (Tel. 03 89 58 62 11, www.asepam.org, auf Voranmeldung). Später lebte der Ort vor allem von der Textilindustrie. Dieser Tatsache zollt auch der **Espace Musées en Val d'Argent** (Tel. 03 89 58 56 67, Juni–Sept. tgl. 10–19, Okt.–Mai Mo–Fr 10–13 und 14–18, Sa 10–17 Uhr) an der zentralen Place du Prensureux Tribut. Es vereint unter seinem Dach drei Museen zu den Themen Mineralogie, Silberbergbau und Weberei.

Historisches Vorbild für moderne Nachahmer: der hornblasende Pfeiferkönig

Praktische Hinweise

Information

Office de Tourisme, 1, Grand' Rue, Ribeauvillé, Tel. 03 89 73 23 23, www.ribeauville-riquewihr.com

Office de Tourisme du Val d'Argent, 86, rue Wilson, Ste-Marie-aux-Mines, Tel. 03 89 58 80 50, www.valdargent-tourisme.fr

Hotels

Aux Mines d'Argent, 8, rue du Dr. Weisgerber (beim Rathaus), Ste-Marie-aux-Mines, Tel. 03 89 58 55 75, www.auxminesdargent.com. Angenehmes Hotel, regionale Küche.

TOP TIPP **Le Clos St-Vincent**, Osterbergweg, von Ribeauvillé 1,5 km auf der Route secondaire nach Nordost, Tel. 03 89 73 67 65, www.leclossaintvincent.com. Höchst komfortables Hotel der gehobenen Preisklasse mit Schwimmbad in den Weinbergen hoch über der Rheinebene mit prächtiger Aussicht. Vorzügliches Restaurant (nur abends geöffnet, Di geschl.).

Restaurants

TOP TIPP **L'Auberge de l'Ill**, 2, rue de Collonges-au-Mont d'Or, Illhäusern, 9 km östlich von Ribeauvillé, Tel. 03 89 71 89 00, www.auberge-de-l-ill.com. Eines der renommiertesten Gourmetlokale des gesamten Elsass (3 Michelinsterne). Man speist fürstlich in elegantem, etwas plüschigem Ambiente am abends festlich illuminierten Ill-Ufer, die Terrasse ist lauschig, die Küche traumhaft, die Preise sind entsprechend, aber angemessen (Mo/Di geschl.). Komfortable Zimmer zu gehobenen Preisen im angeschlossenen **Hotel des Berges** (Tel. 03 89 71 87 87, www.hoteldesberges.com), das den für diese Riedregion typischen traditionellen Tabakspeichern nachempfunden wurde.

Die Ulrichsburg bei Ribeauvillé: So wohnten wagemutige Ritter und edle Burgfräulein

Maximilien, 19a, route d'Ostheim, Zellenberg, Tel. 03 89 47 99 69, www.le-maximilien.com. Kreative Küche der Spitzenklasse, mit Michelinstern gekrönt. Reservierung empfohlen (So abend, Mo und Fr mittag geschl.).

Reisefilm: Ribeauvillé
QR Code scannen [s.S.5] oder dem Link folgen: www.adac.de/rfo219

42 Riquewihr
Reichenweier

TOP TIPP *Die kleine Weinbauernstadt – das ›elsässische Rothenburg‹.*

Kaum eine andere Stadt im Elsass hat ihr historisches Erscheinungsbild – in diesem Fall das des 17. Jh. – so unverfälscht erhalten wie das abseits der großen Straßen in einem Seitental gelegene Riquewihr. Entsprechend massiv ist der Ansturm der Touristen, doch man hat sich darauf eingestellt und eine entsprechende Infrastruktur geschaffen. So gibt es zum Beispiel (kostenpflichtige) Parkplätze im ehem. Stadtgraben links und rechts vom Rathaus.

Die kleine Weinbauernstadt wurde im 13. Jh. von den Herren von Horburg planmäßig angelegt und befestigt. Im **Stadtbild** ist die regelmäßige Struktur rechtwinklig sich schneidender Straßen gut zu erkennen. Alles ist auf die Ost-West-Achse der Hauptstraße *Rue du Général de Gaulle* ausgerichtet, die sich vom Rathaus im Osten bis zum sog. Dolder (s.u.) im Westen hinzieht. Freundliche Fachwerkhäuser und malerische Innenhöfe warten darauf entdeckt zu werden, wie etwa die benachbarten Häuser **Irion** (Nr. 12) von 1606 mit reichem Renaissance-Portal und **Jung-Selig** (Nr. 14) von 1561 oder gegenüber die vom 16. bis 18. Jh. entstandene **Maison Behrel** (Nr. 13). In der hübschen **Maison Liebrich** von 1535 dokumentiert das **Musée Hansi** (16, rue du Général de Gaulle, Tel. 03 89 47 97 00, tgl. 10–12.30 und 13–18 Uhr, Jan. geschl.) Leben und Werk des beliebten Elsässer Künstlers Jean-Jacques Waltz [s. S. 102].

Die **Maison Preiss-Zimmer** (Nr. 42) mit schönen Holzskulpturen wurde 1686 erbaut. Im **Dolder** schließlich, einem Torturm vom Ende des 13. Jh., ist heute das Heimatmuseum **Musée du Dolder** (Tel. 03 89 58 44 08, www.musee-riquewihr.fr, Mitte April–Okt. Sa/So/Fei 14–18 Uhr, Mitte Juli–Mitte Aug. tgl.) untergebracht. Etwas abseits der Hauptstraße gewährt in der

Noch heute verlangt auch der elsässische Weinbau viel Handarbeit

Elsässer Wein

Auf beiden Seiten der klimatisch ungemein begünstigten Oberrheinischen Tiefebene wächst ein vorzüglicher Wein. Zweifellos zählt die Elsässische Weinstraße **Route des Vins** mit ihren malerischen Dörfern und Städtchen zu den anmutigsten Gegenden Europas.

Insgesamt umfasst die elsässische Rebanbaufläche ca. 12 860 ha. Erzeugt wird zu 95% Weißwein, insgesamt jährlich etwa 1 Mio. Hektoliter. Folgende Sorten sind zugelassen: Der leichte, frische **Sylvaner**, hervorragend geeignet zu Fisch und Wurst, der sanfte, delikate **Pinot Blanc** (Weißburgunder), der vorzüglich zu Meeresfrüchten passt, der rassige und klassische **Riesling**, der sich mit fast allen Speisen verträgt, auch der berühmten Choucroute, der eigenwillige **Muscat d'Alsace**, der aus Ungarn eingeführte **Pinot Gris** (Grauburgunder), der fruchtige, schwere **Gewürztraminer**, der sich wie die beiden zuvor genannten Weine auch gut als Aperitiv oder zu Käse und exotischen Speisen eignet, schließlich, als einziger Rotwein, der **Pinot noir**, hervorragend passend zu Wild und Käse.

Die **Benennungen** variieren mitunter. ›Pinot‹ ist allemal ein Burgunder, diese Rebsorte wird bisweilen auch ›Klevner‹ genannt, ›Auxerrois‹ ähnelt dem Weißen Burgunder. ›Chasselas‹ entspricht der deutschen Gutedeltraube und wird im Elsass allenfalls für den **Edelzwicker** verwendet, der – im Gegensatz zu allen anderen Weinen – ein Verschnittwein von mehreren Rebsorten und von durchaus unterschiedlicher Qualität ist.

Der Weinbau wurde im Elsass durch die **Römer** eingeführt. Im 6. Jh. lobte Gregor von Tours die Qualität der Elsässer Weine, im Mittelalter fehlten sie an keiner Tafel europäischer Fürstenhäuser. Heute rühmt sich das Elsass zu Recht der großen Zahl seiner **AOC-** bzw. neuerdings sog. **AOP-Weine** (d. h. Spitzenweine mit kontrollierter bzw. geschützter Herkunftsbezeichnung).

Rue des Juifs im Diebesturm das **Musée de la Tour des Voleurs** (Tel. 03 89 86 00 92, Mitte April–Okt. tgl. 10.30–13 und 14–18 Uhr) mit vielen Folterinstrumenten und Waffen einen doch eher schaurigen Einblick in vergangene Zeiten. Angeschlossen ist die Maison de Vigneron, ein Winzerhaus aus dem 16. Jh. mit Möbeln, Werkzeugen etc.

Die ehem. Kirchen Notre-Dame und St-Erhard an der *Place des Trois-Églises* dienen nicht mehr als Gotteshäuser. Die evangelische Kirche entstand als neugotischer Umbau der ehem. Margaretenkirche (1437). In den kleinen Seitengässchen wie der *Rue Latérale* lohnt sich das Flanieren. Unweit ihres westlichen Endes liegt die inmitten der Fachwerkschönheiten besonders hervorzuhebende **Maison Kiener** (2, rue du Cerf) von 1574.

Den Glanz vergangener Tage spiegelt auch das ehem. **Schloss** der Herzöge von Württemberg wider, die 1324 die Herrschaft kauften. Das Schloss wurde 1540 in der Südostecke des Stadtrechtecks errichtet. Heute ist hier das **Musée de la Communication en Alsace** (Tel. 03 89 47 93 80, www.shpta.com, April–Okt. tgl. 10–17.30 Uhr) beheimatet. Es stellt rund 2000 Jahre Postgeschichte vor, insbesondere auch die des Elsass. Zu den Exponaten gehört eine Sammlung historischer Postkutschen vom 18. bis zum Beginn des 20. Jh. Wechselnde Ausstellungen zu verschiedenen Themen rund ums Postwesen ergänzen das Angebot.

i Praktische Hinweise

Information

Office de Tourisme, 2, rue de la Ière Armée, Riquewihr, Tel. 03 89 73 23 23, www.ribeauville-riquewihr.com

Hotel

TOP TIPP **A l'Oriel**, 3, rue des Ecuries Seigneuriales, Riquewihr, Tel. 03 89 49 03 13, www.hotel-oriel.com. Sehr angenehme Unterkunft mit 22 Zimmern in einem Haus des 16. Jh., gehobene Preisklasse.

Restaurants

Le Schoenenbourg, 2, rue de la Piscine, Riquewihr, Tel. 03 89 73 43 56, www.le-schoenenbourg.fr Hervorragende Küche, basierend auf regionaler Tradition, mit Kräutergarten (So abend und Mo geschl.).

La Table du Gourmet, 5, rue de la Ière Armée, Riquewihr, Tel. 03 89 49 09 09, www.jlbrendel.com. Vorzüglich ist die Küche Jean-Luc Brendels, die mit einem Michelinstern ausgezeichnet wurde. Die jahreszeitlich wechselnden Spezialitäten werden in typisch elsässischem Ambiente serviert (Do mittag und Di geschl.).

Reisefilm: Riquewihr
QR Code scannen [s. S. 5] oder dem Link folgen: www.adac.de/rf0220

Der Dolder in Riquewihr ist ein Torturm vom Ende des 13. Jh. und dient heute als Museum

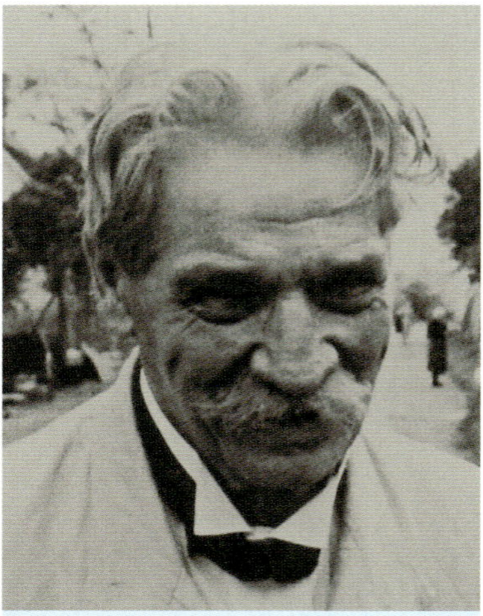

Leben im Dienste der Menschlickeit

Ein Elsässer in Afrika

Albert Schweitzer wurde am 14. Januar 1875 in Kaysersberg geboren. Er wuchs in Günsbach bei Münster auf, wohin er auch später noch häufig zurückkehrte.

Schweitzer begann seine Laufbahn als **evangelischer Theologe**, wurde bekannt durch seine Beiträge zur Leben-Jesu-Forschung, aber auch durch seine Bemühungen um eine Revitalisierung von Orgelbau und -musik. Mit seiner Veröffentlichung ›Deutsche und französische Orgelbaukunst‹ (1906) wurde er zum Bahnbrecher der weit über die Grenzen des Landes hinaus wirksamen **Elsässer Orgelreform**. Schweitzer machte sich auch als Interpret und Herausgeber der Orgelwerke von Johann Sebastian Bach einen Namen.

Doch die Sorge um den Menschen ließ ihn nicht ruhen. Sie bewog den Theologen und Musiker, dessen Philosophie die **Ehrfurcht vor dem Leben** in den Mittelpunkt seines Denkens und Wirkens stellte, Medizin zu studieren und 1913 ein **Tropenspital in Lambarene** (im heutigen Gabun) zu gründen. Durch Konzerte, Vorträge und Publikationen beschaffte er sich die Mittel für sein wegweisendes philanthropisches Lebenswerk. Schweitzer erhielt 1952 den Friedensnobelpreis. Am 4. September 1965 starb er in Lambarene.

43 Kaysersberg

Erinnerung an Albert Schweitzer.

Das 3000 Einwohner zählende Städtchen wird von einer mächtigen staufischen Burgruine, der ehem. **Kaiserburg**, mit charakteristischem zylindrischem Turm überragt und weist zahlreiche malerische Gassen, Höfe und Häuser auf. Das römische *Mons Caesaris* war eine Etappenstation auf der uralten Straße, die durch das Tal der Weiß nach Lothringen führte.

Das mittelalterliche Kaysersberg entwickelte sich zu Füßen des 1227 im Auftrag Friedrichs II. erbauten Kastells. Aufgrund der verkehrstechnischen Lage räumte der Kaiser dem Ort hohe Priorität in seiner ›Raumplanung‹ ein. Die Stadt erhielt 1293 die Reichsfreiheit und trat 1354 der *Dekapolis* bei.

Bedeutende Gelehrte und Theologen kamen aus Kaysersberg, so der berühmte Münsterprediger Johann Geiler (um 1473–1510), Matthäus Zell (1477–1548) sowie der Theologe, Arzt und Musiker **Albert Schweitzer** (1875–1965). An Letzteren erinnert im Westen der Altstadt bei seinem Geburtshaus das kleine **Musée du Docteur Schweitzer** (126, rue du Général de Gaulle, Tel. 03 89 47 36 55, Mitte März–Mitte Nov. Do–Di 9–12 und 14–18, tgl. Juli–Sept. 9–12 und 14–19 Uhr).

Der Protestantismus breitete sich in Kaysersberg eher zögernd aus. In der Französischen Revolution suchte man die Erinnerung an jegliche Kaiser zu tilgen und nannte den Ort *Montlibre*, Freiberg.

Die Baugeschichte der zentralen Kirche **Ste-Croix** reicht vom 12. bis ins 19. Jh. Jedoch blieb das einheitliche Konzept des basilikalen Raumes bei allen Veränderungen verbindlich. Aus dem 13. Jh. stammt das kraftvoll gegliederte **Westportal** mit der Darstellung der Marienkrönung.

Im **Inneren** verdienen etliche hervorragende Ausstattungsstücke aus spätgotischer Zeit Interesse: das *Heilige Grab* von 1514, ein *Retabel* mit geschnitzten Passionsszenen im Chor, von Hans Bongartz 1518 geschaffen, das *Relief* der Beweinung Christi und andere *Skulpturen* des 16. Jh., darunter insbesondere die ausdrucksstarke *Kreuzigungsgruppe* am Triumphbogen. Peter Hemmel schuf den *Kalvarienberg* im nördlichen Westfenster (1470/71). Hinter der Kirche liegt ein *Beinhaus* mit Michaelskapelle im Obergeschoss.

Weinberge und Wälder umkränzen Kaysersberg im reizenden Tal der Weiß

Das neben Ste-Croix befindliche **Rathaus** von 1521 ist ein Renaissancebau mit 1604 entstandenen Holzgalerien im Innenhof. Besonders schöne **Fachwerkhäuser** sind in der Rue du Général de Gaulle zu finden. Im 1521 erbauten Steinhaus Nr. 62 ist das Stadtmuseum **Musée Historique** (Tel. 03 89 78 11 11, Juli/Aug. Mi–Mo 10.30–12 und 14–18 Uhr) mit seiner interessanten Skulpturensammlung untergebracht. Sehenswert ist auch die befestigte **Brücke** über die Weiß, mit Schießscharten und ›Minikapelle‹ (1511). Gleich nebenan steht die mächtige *Hostellerie du Pont*, das ehem. ›Badhus‹.

Praktische Hinweise

Information

Office de Tourisme, 39, rue du Général de Gaulle, Kaysersberg, Tel. 03 89 78 22 78, www.kaysersberg.com

Hotels

Aux Armes de France, 1, Grand'Rue, Ammerschwihr, Tel. 03 89 47 10 12, www.aux-armes-de-france.com. Komfortable Unterkunft in historischem Ambiente und mit exzellenter Küche (Mi geschl.).

Le Chambard, 9–13, rue du Général de Gaulle, Kaysersberg, Tel. 03 89 47 10 17, www.lechambard.fr. Modernes, komfortables und entsprechend teures Hotel. Exquisites Restaurant (Mo, Di mittag und Mi mittag geschl.).

Restaurants

La Vieille Forge, 1, rue des Écoles, Kaysersberg, Tel. 03 89 47 17 51, Jan. geschl. Traditionelle elsässische Küche, bestens zubereitet in der ›Alten Schmiede‹.

Ausdrucksstarke Reliefs zur ›Passion Christi‹ am Hochaltar von Ste-Croix

Wistewala, 4, rue Wetzelhof, Ammerschwihr, Tel. 03 89 78 27 97, www.wistewala.com. Heimische Weine und regionale Küche auf hohem Niveau.

Reisefilm: Kaysersberg
QR Code scannen [s.S.5] oder dem Link folgen: www.adac.de/rf0216

Hansi – Zeichner und Widerstandskämpfer

Eigentlich hieß er **Jean-Jacques Waltz** (1873–1951) und kam in Colmar als Sohn des städtischen Bibliothekars André Jacques Waltz zur Welt. ›Onkel Hansi‹, wie man ihn nannte, war ein glühender Gegner der damals im Elsass herrschenden Deutschen.

Seine **Karikaturen** erregten das Misstrauen der deutschen Behörden, und im Juli 1914 wurde er vor Gericht gestellt. Der folgenden Gefängnisstrafe wegen ›landesverräterischer Umtriebe‹ entzog er sich durch die Flucht nach Frankreich. Im Ersten Weltkrieg arbeitete ›Hansi‹ für den französischen **Geheimdienst**.

Nach dem Krieg leitete Hansi 1923–39 das Unterlinden-Museum in Colmar, verschwand anschließend wieder im **Exil**, kehrte aber nach dem Ende des Zweiten Weltkrieges in sein geliebtes Elsass zurück. Seine **Gemälde**, **Lithografien** und **Karikaturen** sind in diversen elsässischen Museen zu finden. In seiner Heimatstadt Colmar gibt es noch heute höchst originelle **Wirtshausschilder**, die er entworfen hat.

Im besten Wortsinn: Waltz war ein unbeugsamer Mann

44 Col du Bonhomme

Aussichtsreicher Pass zwischen Elsass und Lothringen.

TOP TIPP

Eine Vogesendurchquerung entlang der Vogesenkammstraße **Route des Crêtes** westlich von Kaysersberg auf der N415 führt durch ein landschaftlich außerordentlich reizvolles Gebiet. Am **Col du Bonhomme** (949 m) ist die Grenze Lothringens erreicht. Vom im Tal liegenden Örtchen *Le Bonhomme* ist in einer zweistündigen Wanderung der nördlich gelegene, 1228 m hohe **Le Grand Brézouard**, auf Elsässisch auch »Brüschbückel«, zu erreichen. Oben eröffnet sich bei klarem Wetter eine grandiose Sicht: zum Donon (1009 m), zum Champ du Feu (1100 m), man sieht das Straßburger Münster, den Grand Ballon (1424 m), mitunter sogar den Mont Blanc (4807 m).

Folgt man der Route des Crêtes [s.S. 112] auf der kleinen D148 südwärts, gelangt man zu dem anmutigen Wintersportgebiet um den 1303 m hohen **Gazon du Faing**. Dank des Naturreservats ist die reizvolle Gegend auch im Sommer ein beliebtes Ausflugsziel.

Ein Spaziergang ins Mittelalter – die Altstadt Colmars mit ihrem historischen Bauensemble

45 Colmar

TOP TIPP *Aus dem ›Taubenschlag‹ wurde die drittgrößte Stadt des Elsass.*

Die nach Straßburg und Mülhausen drittgrößte Stadt (67 000 Einw.) des Elsass hat unter den großen Kriegen der älteren und auch der jüngeren Vergangenheit eher wenig zu leiden gehabt. Doch sind neben dem in weiten Teilen hervorragend erhaltenen und gepflegten historischen Stadtbild auch zeitgenössische Bauten von bemerkenswerter architektonischer Qualität beachtenswert.

Geschichte Colmar, zweifellos eine der faszinierendsten Städte des Elsass, hat vergleichsweise spät Bedeutung erlangt, obwohl die Siedlung *Colombarium*, das heißt ›Taubenschlag‹, bereits in merowingischer Zeit bezeugt war.

Im 9. Jh. gab es hier ein Pfalzgut, das beim Zerfall des Karolingerreichs aufgeteilt wurde. 1214 erlangte die Siedlung das Stadtrecht. Fortan ging es nur noch bergauf, nicht zuletzt auch aufgrund der günstigen Verkehrslage am Ausgang des Munstertals.

Unter Friedrich II. wurde Colmar reichsunmittelbar und 1220 von Friedrichs Vogt Wölflin erstmals befestigt. 1254 trat die Stadt dem Rheinischen Städtebund bei, 1260 wurde der Bischof von Straßburg besiegt, nachdem er Colmar vergebens belagert hatte. 1354 trat die Stadt der *Dekapolis* bei.

Trotz heftiger ›Klassenkämpfe‹ entwickelte sich die Stadt weiterhin gut. Ihr Reichtum basierte vor allem auf dem **Weinhandel**. Die Handelsbeziehungen reichten bis ins Baltikum.

Hand in Hand mit der wirtschaftlichen entwickelte sich die **kulturelle Blüte**. Die Zunft der Meistersinger stand in hohem Ansehen, das Theaterleben ›boomte‹, mit *Paracelsus* ließ sich einer der bedeutendsten Wissenschaftler seiner Zeit in Colmar nieder. Der **Reformation** gegenüber war man aufgeschlossen, allerdings der gemäßigten lutherischen, nicht der radikalen Schweizer Variante. Beide Konfessionen kamen leidlich miteinander aus, und daran änderte sich auch nach 1648,

Bootstour durch Petite Venise – Inbegriff Colmarer Fachwerkromantik

unter französischer Verwaltung, nichts. 1791 wurde Colmar **Verwaltungsmittelpunkt** der neu eingerichteten Präfektur *Haut-Rhin* (Oberelsass). Unter deutscher Verwaltung (1871–1918) entwickelte sich ein französischer Patriotismus, der sich den Idealen der Französischen Revolution verpflichtet wusste.

Bis heute spielt der Wein eine große Rolle in Colmar, so zählt die 1947 ins Leben gerufene **Weinmesse** (*Foire aux vins*) im August zu den international bekanntesten Veranstaltungen des Elsass.

Besichtigung Ein Colmarer verlieh diesem Selbst- und Weltverständnis Ausdruck: Der 1834 hier geborene Bildhauer Frédéric-Auguste Bartholdi (†1904 in Paris) schuf u.a. 1886 die *Freiheitsstatue* in New York. Deren Modell ist im **Musée Bartholdi** 1 (Tel. 03 89 41 90 60, www.musee-bartholdi.fr, März–Dez. Mi–Mo 10–12 und 14–18 Uhr) zu sehen, das im Wohnhaus des Künstlers in der Rue des Marchands 30 eingerichtet wurde. Wenige Schritte entfernt liegt die **Maison Schongauer** 2 mit ihrer prächtigen Fassade, dieser gegen-

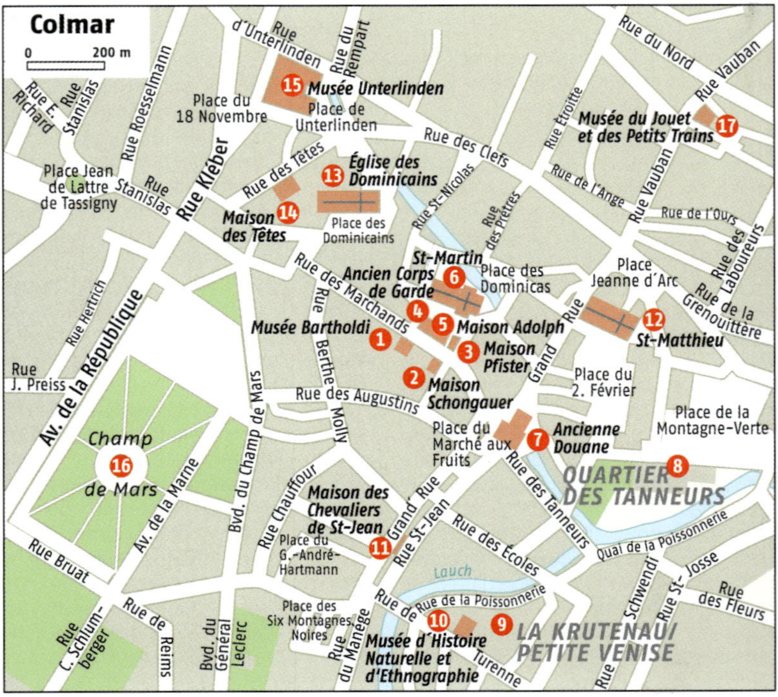

über die mit reich geschnitztem Fachwerk und Grisaillemalereien geschmückte **Maison Pfister** 3 von 1537. Daneben erhebt sich die ehem. Wachstube **Ancien Corps de Garde** 4 mit weiten Spitzbogen. Sie wurde 1575 anstelle eines Beinhauses erbaut. Stadtarchitekt Michael *Berck* fügte 1577–82 auf der Platzseite die zierliche Loggia an. Links davon steht die **Maison Adolph** 5, das älteste Gebäude Colmars (1350).

Hinter dieser Häuserzeile erhebt sich die Pfarrkirche **St-Martin** 6 (Mo–Sa 8.30–18.30/19, So ab 13 Uhr), die häufig ihrer Größe und dominierenden Stellung im Stadtbild wegen ›Kathedrale‹ oder ›Münster‹ genannt wird. Kathedrale war sie allerdings nur vorübergehend, in der Revolutionszeit, als hier ein vereidigter Bischof eingesetzt wurde.

Die Martinskirche ist die dritte an gleicher Stelle: Nach einer erst 1972 entdeckten ottonischen Basilika errichtete man 1106 einen romanischen Neubau. Dieser wurde ab 1170 zur heutigen Kirche umgebaut. Die Hauptbauzeit liegt um 1263, die Anlage ist stilistisch also nicht einheitlich.

Bemerkenswert ist die plastische Ausgestaltung der **Portale**. Das Tympanon der *Westfassade* aus dem 13. Jh. zeigt die Anbetung der Könige und das Jüngste Gericht. Die um 1230 entstandene Nikolauslegende des *Südportals* wurde wohl nachträglich hierher versetzt, das Jüngste Gericht darüber stammt aus der Zeit nach 1250, ebenso die Figuren des äußeren Bogens. Im **Inneren** stammt aufgrund der Zerstörungen in der Zeit der Französischen Revolution das meiste aus dem 19. Jh. Im nördlichen Seitenschiff und im Chor wurden 1903–10 Reste alter *Glasfenster* unterschiedlicher Provenienz geschickt ergänzt und zusammengefasst.

Südöstlich von St-Martin finden sich weitere beachtliche Häuser, etwa die **Ancienne Douane** 7, das alte ›Koifhus‹. Es ist dies ein malerischer Gebäudekomplex, dessen einzelne Teile vom Ende des 15. bis zum 18. Jh. entstanden sind. Der **Brunnen** auf der Place de l'Ancienne-Douane ist dem Andenken des *Lazarus von Schwendi* gewidmet und stammt von Frédéric Auguste Bartholdi. Er zeigt den Offizier Karls V. mit dem Setzling einer Tokay-Rebe, den er angeblich aus Ungarn mitgebracht und im Elsass heimisch gemacht hat.

Von zarter, filigraner Schönheit ist Schongauers ›Madonna im Rosenhag‹

Martin Schongauer

Martin Schongauer gilt als einer der bedeutendsten Künstler der deutschen Spätgotik – deutsch insofern, als das Elsass im 15. Jh. noch ganz und gar zum deutschen Kulturkreis gerechnet werden muss. Schongauer wurde in Colmar um 1450 geboren, er starb 1491 in Breisach. Mit beiden Orten sind zugleich seine Hauptwerke benannt, die **Madonna im Rosenhag** von 1473, die sich heute in der Dominikanerkirche Colmar befindet, und das gewaltige **Weltgerichtsfresko** im Münster in Breisach, mit dessen Fertigung er 1489 beauftragt wurde.

Vom Vater Caspar hat Martin wohl das Goldschmiedehandwerk gelernt, das ihm zustatten kam bei seiner Tätigkeit als **Kupferstecher**. Als solcher ist er berühmt und ungemein einflussreich geworden. Schongauers **Einfluss** auf Dürer ist ebenso unbestritten wie der auf jüngere Künstler in Frankreich, Italien und Spanien. 115 Stiche insgesamt sind bekannt, sie sind zumeist religiösen Inhalts und zeugen sowohl von hoher technischer Meisterschaft als auch von Fantasie und Formsicherheit. Schongauer selbst wurde durch die damals bahnbrechende **Niederländische Malerei** angeregt, deren präziser Realismus ihn faszinierte. Biografisch ist wenig über Schongauer bekannt, von seinen großen Gemälden scheinen viele verloren gegangen zu sein. Bezeugt ist jedoch, dass seine Malerwerkstatt in Colmar die bedeutendste seiner Zeit in Süddeutschland war.

Jenseits des Platzes erstreckt sich entlang der Lauch das **Quartier des Tanneurs** 8, das Gerberviertel, mit schönen Fachwerkhäusern. Einen Besuch wert ist auch die 1863–65 von Louis-Michel Boltz erbaute Markthalle (Marché couvert), ein typischer Bau des Zweiten Kaiserreichs. Die anmutige Brunnenfigur des »Petit Vigneron« an der Ecke des Gebäudes stammt, wie könnte es anders sein, wiederum von Bartholdi.

Das südlich anschließende Viertel **La Krutenau** 9 (Krautenau, d.h. Gemüsemarkt) wird wegen seiner malerisch am Fluss gelegenen Häuser auch **Petite Venise**, Klein-Venedig, genannt. Hier befindet sich in 11, rue de Turenne das **Musée d'Histoire Naturelle et d'Ethnographie** 10 (Tel. 0389238415, www.museumcolmar.org, Febr.–Dez. Mi–Sa, Mo 10–12 und 14–17, So 14–18 Uhr), das neben naturkundlichen auch ethnologische und ägyptologische Sammlungen sowie ein Aquarium besitzt.

Apropos Venedig: Auf dem Rückweg zur Ancienne Douane und zum *Marché aux Fruits* verdient in der Rue St-Jean das **Maison des Chevaliers de St Jean** 11 von 1608 Beachtung: Der Stadtbaumeister Albert Schmidt hat sich bei der Fassadengestaltung des Johanniterhauses offensichtlich von venezianischen Palazzi anregen lassen.

Weiter nordwärts kommt man zum Komplex der 1292–1340 erbauten ehem.

Franziskanerkirche mit Spital, das nach einem Brand barock wieder aufgebaut wurde. Die Kirche mit Glasfenstern aus dem Kreis um Hemmel und einer Silbermann-Orgel dient heute als evangelische Pfarrkirche **St-Matthieu** 12 (Mitte Mai–Mitte Juni und Aug.–Mitte Okt. tgl. 10–12 und 15–17 Uhr).

Vorbild der Franziskanerkirche war die 1283–91 erbaute **Église des Dominicains** 13 (Nov.–April Mi–Mo 9–12, 14–17, Mai–Okt. tgl. 9–18 Uhr) im Norden der Altstadt mit einem Langhaus aus dem 14. Jh. Beide Kirchen sind ›Bettelordensscheunen‹, d.h. weite, einfache Räume, die einerseits das Armutsideal der beiden Orden vor Augen stellen (keine Türme!), andererseits geeignet sind, viel Volk aufzunehmen und zu unterweisen. Die Dominikanerkirche ist besuchenswert wegen ihrer wunderbaren Glasfenster aus dem 13. und 14. Jh., vor allem aber wegen Martin Schongauers **Madonna im Rosenhag**, eines 1473 für einen Seitenaltar der Martinskirche gemalten Tafelbildes. Nachdem das Gemälde 1972 entwendet und 1973 wieder aufgefunden worden war, stellte man es in der besser gesicherten Dominikanerkirche auf. Es steht in der Tradition der im 15. Jh. beliebten mystisch-symbolischen Darstellungen des ›Hortus conclusus‹, die Maria umgeben von Blumen und Singvögeln im mauerumschlossenen Paradiesgarten zeigen. Schongauer hat den Typus dieses Andachtsbildes in einzigartiger Weise monumentalisiert, ohne ihm dabei seine Poesie zu nehmen. Das im Norden angrenzende ehem. *Dominikanerkloster* dient heute als Stadtbibliothek. Ganz in der Nähe, in der Rue des Têtes, steht das ›Kopfhaus‹, **Maison des Têtes** 14, ein reich mit Masken verziertes Renaissancegebäude von 1609 mit Volutengiebel.

TOP TIPP

Die kleine Gasse gegenüber dem Kopfhaus führt geradewegs zum ehem. *Dominikanerinnenkloster* ›Unterlinden‹, dessen Kirche 1269 durch Albertus Magnus geweiht wurde. Seit 1849 beherbergt es das **Musée Unterlinden** 15 (1, rue d'Unterlinden, Tel. 03 89 20 15 50, www.musee-unterlinden.com, Mi–Mo 10–18, Do bis 20 Uhr). Es ist nicht nur wegen des berühmten **Isenheimer Altars** von Matthias Grünewald besuchenswert. Das Spektrum seiner Sammlungen reicht von prähistorischen Funden über mittelalterliche Skulptur bis hin zu elsässischer Malerei und Gegenwartskunst. Sehenswert ist auch der **Kreuzgang** mit Maßwerkfenstern (13. Jh.) an der Place d'Unterlinden.

Entspannter Plausch bei einem Glas Wein in Colmars Altstadtgassen

Das Museum konnte nach einem Umbau von dem international renommierten Büro Herzog & de Meuron im Dezember 2015 wiedereröffnet werden. Die Erweiterung des Hauses war notwendig geworden, weil die Sammlung aus allen Nähten platzte. Dazu wurde das alte Museumsgebäude – die gotische Klosterkirche – umgebaut und um einen dreigeschossigen Neubau erweitert. Eine unterirdische Galerie verbindet diese beiden Baukörper. Das neue Haus trägt eine von gotisch inspirierten Lichtschlitzen sparsam geöffnete Schuppenhaut aus gebrochenem Backstein und Kupfer. Die Kapelle des ehemaligen Klosters ist nun ausschließlich der Präsentation des Isenheimer Altars gewidmet, sodass dieser seine Wirkung voll entfalten kann. Der Erweiterungsbau bietet Platz für

Der Isenheimer Altar und Mathis der Maler

Mathis Neithardt oder Nithart, später von ihm selbst in Gothardt umgewandelt, war der wirkliche Name des allgemein als **Matthias Grünewald** gekannten Malers.

Nicht allzuviel weiß man von diesem genialen Künstler an der Wende zwischen Spätgotik und Renaissance. Datierte Arbeiten gibt es seit 1503. Ersichtlich baut er auf Schongauer und Holbein auf, kennt die mittelrheinische Malerei und die Donauschule. Er wurzelt in der Spätgotik, setzt sich aber über deren Konventionen hinweg.

Ins Elsass kam er aufgrund des Auftrags, den ihm die Antoniter für ihr Spital in Isenheim gaben: Der gewaltige **Isenheimer Altar**, der zum Bestand des Musée Unterlinden in Colmar gehört und nach langer Restaurierung seit Ende 2015 wieder in neuem Glanz erstrahlt, ist ein **Wandelretabel** mit neun Gemälden und geschnitztem Mittelschrein. Im geschlossenen Zustand zeigt er die Kreuzigung in kaum zu überbietender Drastik. Alles Leid der Menschheit scheint eingefangen im Bild des **leidenden Christus**, das von den Flügelgemälden der Krankenpatrone Sebastian und Antonius flankiert wird.

Der Wandelaltar konnte je nach liturgischer Jahreszeit verändert, geöffnet oder geschlossen werden. An Sonntagen war die zweite Schauseite zu sehen, eine Folge strahlender, tröstlicher Bilder – Engelskonzert, Verkündigung, Geburt und Auferstehung Christi. Einzigartig, wie sich die **Lichtgestalt Christi** aus dem Grab erhebt, malerisch verifiziert im Übergang sämtlicher Farben des Spektrums ineinander und kulminierend in strahlendem Gelb.

Die zweite Öffnung steigert sich zur Dreidimensionalität des **Schnitzwerks** von Niklas Hagenower (um 1460–1538), auch Nicolaus von Hagenau genannt. Die Figur des Einsiedlers Antonius wird flankiert von Gemälden aus der Legende des Heiligen.

Mathis, der Maler, hat sein Retabel um 1515 vollendet. Es gilt nicht nur als sein persönliches Hauptwerk, sondern das einer ganzen Epoche.

Der Isenheimer Altar (um 1515) stellt einen der Höhepunkte deutscher Malerei dar

Liebevoll dekoriert ist dieses Jugendstilcafé mit Bäckerei in Colmar

Wechselausstellungen und beherbergt die Sammlung moderner und zeitgenössischer Kunst. Einbezogen wird auch die von einem Balkon des Neuen Flügels aus einsehbare, vom Anfang des 20. Jahrhunderts stammende prachtvolle Thermenarchitektur der ehemaligen städtischen Bäder, die künftig für Veranstaltungen genutzt werden sollen. Mit der Neugestaltung des gesamten Areals und der Freilegung des großenteils unterirdisch verlaufenden Sinnbachkanals fügt das Historie und Gegenwart harmonisch und spannungsvoll verbindende Museum den zahlreichen Sehenswürdigkeiten Colmars eine weitere städtebauliche Attraktion hinzu.

Wer länger Zeit hat, wird in Colmar noch viel Interessantes entdecken. Man kann z.B. im Südwesten durch den Park des **Champ de Mars** 16 flanieren oder sich auf der gegenüberliegenden Seite der Altstadt in der Rue Vauban 40 das unterhaltsame Spielzeugmuseum **Musée du Jouet et des Petits Trains** 17 (Tel. 03 89 41 93 10, www.museejouet.com/en, Jan.–Juni und Sept.–Nov. Mi–Mo 10–12, 14–18, Juli/Aug./Dez. Mo–Fr 10–12, 14–18, Sa/So 10–18 Uhr) ansehen.

i Praktische Hinweise

Information

Office de Tourisme, 32, cours Sainte-Anne, Colmar, Tel. 03 89 20 68 92, www.ot-colmar.fr

Hotels

TOP TIPP **Hostellerie Le Maréchal**, 4, place Six Montagnes Noires, Colmar, Tel. 03 89 41 60 32, www.hotel-le-marechal.com. Sehr angenehme Unterkunft in einem Haus des 16. Jh. in ›Klein Venedig‹. Gehobene Preisklasse, auch was das angeschlossene, vorzügliche Restaurant betrifft.

TOP TIPP **La Maison des Têtes** (Kopfhaus), 19, rue des Têtes, Colmar, Tel. 03 89 24 43 43, www.maisondestetes.com. Angenehme Unterkunft in historischem Ambiente. Gutes Restaurant, gehobene Preisklasse (Di 19 Uhr–So mittag).

Restaurants

Aux Trois Poissons, 15, quai de la Poissonnerie, Colmar, Tel. 03 89 41 25 21. Sympathisches Lokal nahe der Fischhalle (Spezialität Fische!) mit vorzüglicher kreativer Küche auf traditioneller Basis (So und Mo geschl.).

Chez Hansi, 23, rue Marchands, Colmar, Tel. 03 89 41 37 84. Beliebtes, preisgünstiges Lokal mit Garten und lokalen Spezialitäten (Mi/Do geschl.).

TOP TIPP **JY'S**, 17, rue de la Poissonnerie, Colmar, Tel. 03 89 21 53 60, www.jean-yves-schillinger.com. Modernes Design trifft innovative Küche: Im von Olivier Gagnère gestalteten Ambiente eines historischen Hauses verwöhnt Sternekoch Jean-Yves Schillinger seine Gäste (So und Mo geschl.).

Reisefilm: Colmar
QR Code scannen [s.S.5] oder dem Link folgen: www.adac.de/rf0213

In Sonnenlicht getaucht: Turckheims Rathaus von 1620 mit Kirche Ste-Anne

46 Turckheim
Türkheim

Weinstadt am Eingang zum Munstertal.

Weniger einzelne Baudenkmäler als vielmehr die harmonische Geschlossenheit und Atmosphäre des Ganzen machen das Stadtbild von Turckheim so reizvoll.

Die Stadt am Eingang zum Munstertal blieb lange von der mächtigen Abtei Munster, damals noch Münster, im Westen abhängig. 1312 verlieh ihr der Kaiser das Marktrecht. Zu dieser Zeit entstand die teilweise noch gut erhaltene Befestigung mit den drei Tortürmen **Porte de France**, **Porte de Munster** und **Porte du Brand**. Nachdem die Siedlung von Karl IV. das Stadtrecht verliehen bekommen hatte, trat sie 1354 der *Dekapolis* bei.

In kriegerische Ereignisse war Türkheim zweimal verwickelt: den Dreißigjährigen Krieg 1618–48 und die entscheidende Schlacht am 5. Januar 1675 zwischen Kaiserlichen und Franzosen, bei der Letztere siegten.

Innerhalb des reizvollen Ensembles verdienen einige Bauwerke besondere Erwähnung, z. B. das **Rathaus** von 1620, umgeben von stattlichen Bürger- und Fachwerkhäusern. Vor allem die **Grand' Rue** bietet einen pittoresken, einheitlichen Anblick – die Häuser Nr. 45, 47, 79 und 96 stammen durchweg aus dem 16. und 17. Jh. Die klassizistische Kirche **Ste-**

Anne wurde 1839 auf den Grundmauern eines Vorgängerbaus aus dem 12. Jh. errichtet, ihr Turm stammt aus dem 15. Jh.

Hohlandsbourg

Der Eingang zum Munstertal und damit auch die Stadt Turckheim wird von der südlich gelegenen Hohlandsburg (www.chateau-hohlandsbourg.com/fr/, April–Sept. 13–18, Juli/Aug. 10–19, Okt. 13–17 Uhr, Mo geschl.) beherrscht, die sich seit dem 13. Jh. auf einer seit Urzeiten bewohnten Höhenkuppe erhebt. Das Areal wird durch ein zusätzliches turmbewehrtes Mauergeviert geschützt. Zeitweilig war die Burg ein wichtiger Stützpunkt der Habsburger im Elsass. Später (1563) besaß und restaurierte sie Lazarus von Schwendi. 1637 wurde die Burg auf Befehl Kardinal Richelieus zerstört. Im 19. Jh. unter Denkmalschutz gestellt, wurde die Anlage Ende des 20. Jh. umfassend restauriert.

i Praktische Hinweise

Information

Office de Tourisme, Rue Wickram, Corps de Garde, Turckheim, Tel. 03 89 27 38 44, www.turckheim.com

Hotel

Les Deux Clefs, 3, rue du Conseil, Turckheim, Tel. 03 89 27 06 01, www.hotellerie-deuxclefs.fr. Romantische, komfortable Unterkunft in historischem Fachwerkhaus in der Ortsmitte. Hotel garni.

Reisefilm: Turckheim
QR Code scannen [s.S.5] oder dem Link folgen: www.adac.de/rf0221

47 Munster
Münster

Von Passstraßen, verschwundenen Mönchen und wiedergekehrten Störchen.

Die verkehrstechnische Bedeutung des Munstertals wird schon bei einem kurzen Blick auf die Landkarte deutlich. Gleichzeitig handelt es sich um eine Strecke von bemerkenswerter **landschaftlicher Schönheit**. Von Turckheim folgt die D417 bzw. die kleinere D10 dem Lauf der Fecht. Sie führt vorbei an entzückenden kleinen Orten wie dem Mineralbad *Soultzbach-les-Bains* und *Wasserbourg*, etwas südlich am Krebsbach, und steigt bis Munster vergleichsweise sanft an.

Vom namengebenden Kloster Munster blieb im gleichnamigen Ort nicht viel übrig. Die einst bedeutende, 660 gegründete **Benediktinerabtei** wurde 1790 aufgehoben. Reste der 1802 abgetragenen Kirche und das im 18. Jh. neu erbaute Abtshaus haben sich an der *Place du Marché* erhalten. Die vormals mächtige, mit Mauern umgebene Stadt macht heute eher den Eindruck eines lang gezogenen Straßendorfes. Wahrzeichen sind weniger die ehem. *Markthallen* (1503), der *Marktbrunnen* (1576) und das **Rathaus** (um 1550, Hofseite 1652), als vielmehr die auf dessen Dächern zu Dutzenden stehenden oder brütenden **Störche**. Früher überall im wasser- und feuchtwiesenreichen Elsass anzutreffen, sind sie in den letzten Jahrzehnten rar geworden, haben sich aber neueren Wiedereinbürgerungsversuchen – wie man sieht – nicht widersetzt. Höchstens der beliebte **Munsterkäse** kann den Tieren als heimische Attraktion den Rang ablaufen.

Le Linge

11 km nördlich von Munster bei dem kleinen Städtchen Orbey kann in Le Linge ein **Schlachtfeld** des Ersten Weltkrieges besichtigt werden. Hier fanden von Juli bis Oktober 1915 verlustreiche Kämpfe statt, die 17 000 Todesopfer forderten. Danach zog sich ein zäher Stellungskrieg bis zum 11. November 1918 hin. Das unter Denkmalschutz stehende Areal mit dem Museum **Mémorial du Linge** (Tel. 03 89 77 29 97, www.linge1915.com, Mitte April–Mitte Nov. tgl. 9–12.30 und 14–18 Uhr) in 1000 m Höhe ermöglicht informative und

Munsterkäse, der bekannte Weichkäse aus dem Munstertal, ist ein würziger Genuss

Die Wanderrouten im Gebiet der Vogesenbelchen sind gut ausgebaut und markiert

eindringliche Einblicke in die damaligen Geschehnisse.

Col de la Schlucht

Von Munster windet sich die Straße nach Westen in abenteuerlichen Serpentinen hinauf zum Pass, zum 1159 m hohen **Col de la Schlucht**. Hier verlief von 1871 bis 1919 die deutsch-französische Grenze. In einer knappen Stunde kann man vom Pass zu Fuß den 1245 m hohen **Montabey** erklimmen oder sich im Sommer bequemer mit dem Sessellift hinaufbringen lassen. Vor allem bei klarem Wetter ist die Fernsicht einfach atemberaubend. Weiter im Süden lädt die Martinswand zum Klettern ein.

Am Pass kreuzt die D 417 die landschaftlich ungemein reizvolle Höhenstraße **Route des Crêtes** (s. auch S. 102), die gut 70 km lang über die Höhen führt, vom Col du Bonhomme [Nr. 44] über den Grand Ballon, den höchsten Berg der Vogesen, nach Cernay und Thann. Die Straße, die im Ersten Weltkrieg als Militärstraße angelegt wurde, führt abwechslungsreich durch Wälder und Weiden und bietet großartige Ausblicke.

i Praktische Hinweise

Information

Office de Tourisme, 1, rue du Couvent, Munster, Tel. 03 89 77 31 80, www.valleemunster.eu

Hotel

Chalet Hôtel Le Collet, Col de la Schlucht, Tel. 03 29 60 09 57, www.chalethotel-lecollet.com. In malerischer Aussichtslage lädt das Hotel im Chalet-Stil zum Ausspannen ein; mit Restaurant (Mi und Do mittag geschl.).

Auch friedliches Brauchtum wird in Neuf-Brisach, einer Hochburg des Militärs, gepflegt

48 Neuf-Brisach

Neubreisach

Eindrucksvolle Vauban-Festung am Rhein.

Von Colmar führt die N415 durch den Kastenwald in die Ebene nach Osten. Ziel ist die **Festungsstadt** Neuf-Brisach, die Sébastien Le Prestre de Vauban 1698–1708 im sog. *Dritten System* errichten ließ. Der Terminus bezeichnet den ausgereiftesten Typus Vaubanscher Fortifikationskunst. Die zum UNESCO-Weltkulturerbe zählende Anlage ist achteckig, die Vorwerke sind stark unterteilt, die Böschungen steil, die Mauern mit Schikanen verstärkt. Das Ganze sieht am schönsten aus der Vogelperspektive aus. Immerhin lässt sich die strenge Logik der einzigartig gut erhaltenen Anlage auch im Begehen er-

leben: Von den vier Toren sind noch zwei vorhanden. In der *Porte de Belfort* befindet sich das **Musée Vauban – Musée d'Histoire Militaire** (Tel. 03 89 72 03 93, Mai–Okt. Mi–Mo 10–12 und 14–17 Uhr), das neben Militär- auch Stadtgeschichte veranschaulicht.

Im Inneren des Stadt-Oktogons sind die Straßen schachbrettartig angeordnet, die Häuser einheitlich gestaltet und verhältnismäßig niedrig. Sie durften die Mauern nicht überragen. Die Mitte der Stadt bildet der quadratische ehem. Exerzierplatz **Place d'Armes Général de Gaulle** mit je einem *Brunnen* in jeder Ecke und der 1731–77 erbauten Kirche *St-Louis*. Alles wirkt ausgesprochen klar, streng und nüchtern.

Biesheim

Besuchenswert sind zwei Museen im nur wenig nördlich gelegenen, über die D468 erreichbaren Biesheim. Da ist einmal an der Place de la Mairie das **Musée Gallo-Romain** (Le Capitole–Place de la Mairie, Tel. 03 89 72 01 58, Mi–Fr 14–17.30, Do auch 9–12, Sa/So 14–17 Uhr) mit archäologischen Funden aus der Region. Beim anderen handelt es sich um das im gleichen Gebäude untergebrachte **Musée de l'Instrumentation Optique** (Tel. 03 89 72 01 59, Öffnungszeiten wie oben), das rund 200 optische Geräte aus Vergangenheit und Gegenwart zeigt.

i Praktische Hinweise

Information

Office de Tourisme, 6, place d'Armes, Neuf-Brisach, Tel. 03 89 72 56 66, www.tourisme-paysdebrisach.com

Restaurant

Les Remparts, 9, rue Hôtel de Ville, Neuf-Brisach, Tel. 03 89 72 76 47, www.restaurantlesrempart.com. Gutes Restaurant mit ›Winstub‹ in zentraler Lage (tgl. mittags und abends.).

49 Éguisheim
Egisheim

TOP TIPP *Das reizende Winzerdorf ist stolz auf seine Verbindung zu Papst Leo IX.*

Éguisheim ist ein wunderschönes Städtchen mit malerischen Gassen und Fachwerkhäusern, von denen allerdings kaum eines weiter als ins 17. Jh. zurückgeht.

Entlang der gut erhaltenen Befestigung führt der ausgeschilderte Rundweg **Circuit des Remparts**. Der Stadtgrundriss zeigt ein Quadrat mit abgerundeten Ecken. Genau in der Mitte befindet sich, auf achteckigem Grundriss, die **Burg St-Léon**, in der 1002 der spätere Papst Leo IX. geboren sein soll. Im 19. Jh. wurde der Bau allzu heftig restauriert, da man eine Gedenkstätte für diesen Papst aus dem Geschlecht der Grafen von Egisheim schaffen wollte. Auf dem Gelände befand sich eine romanische Kirche, die Ende des 19. Jh. durch einen Neubau ersetzt wurde. Erhalten blieb der Kirche **St-Pierre et St-Paul** ein frühgotisches, reich ornamentiertes und farbig gefasstes *Portal* mit dem Weltenrichter zwischen Petrus und Paulus. Sie ist nur im Rahmen von Stadtführungen des Touristbüros (Mitte Juni–Mitte Sept. Do 17 Uhr) zu besichtigen.

Gueberschwihr

1445 brannten die Armagnaken das Dorf fast vollständig nieder. Die Pfarrkirche **St-Pantaléon** wurde 1875–82 im neoromanischen Stil erbaut, wobei man den prachtvollen Vierungsturm des romanischen Vorgängers einbezog. Im Inneren stellen um 1900 entstandene Wandbilder von Martin Feuerstein Szenen aus dem Leben des Titelheiligen dar. Im nahe gelegenen **Pfaffenheim** hat sich an der neoromanischen Kirche St. Martin ein reich ornamentierter polygonaler Chor aus der Zeit um 1200 erhalten, das einzige Beispiel dieser Art im Elsass.

TOP TIPP Route des Cinq Châteaux

Als alternative Strecke von Colmar oder Turckheim nach Süden kann die sehr schöne Route des Cinq Châteaux

Éguisheims Place du Château St-Léon ziert ein Brunnen mit dem Standbild des Papstes Leo IX.

empfohlen werden, die westlich der N83 am Berghang verläuft (15. Nov.–15. März gesperrt). Wer sie wählt, kommt an der Burgruine **Pflixbourg** aus dem 13. Jh. (frei zugänglich) sowie den Schlössern **Hohlandsburg** [s. S. 111] und **Haut-Éguisheim** vorbei. Dieses Hoh-Egisheim besteht aus drei Burgen: *Dagsburg* (13. Jh.), *Wahlenburg* (12. Jh.) und *Weckmund* (11. Jh.). Von letzterer ist die Aussicht über die Ebene hinreißend. Alle drei gehörten einst den Grafen von Éguisheim, daher werden die drei **Donjons d'Éguisheim** im Volksmund ›*die drei Egsen*‹ genannt.

i Praktische Hinweise

Information

Office de Tourisme, 22 a, Grand'Rue, Éguisheim, Tel. 03 89 23 40 33, www.ot-eguisheim.fr

Hotel

Hostellerie des Comtes, 2, rue des Trois Châteaux, Éguisheim, Tel. 03 89 41 16 99, www.hostelleriedescomtes.fr. Preisgünstig und angenehm, Restaurant mit saisonal ausgerichteter Küche.

50 Rouffach

Rufach

Fluch und Segen einer Bischofsstadt.

Der Ortsname geht auf das gallo-römische Rubiaco (›Eigentum des Rubius‹) zurück. Im 5. Jh. war Rouffach ein Wohnsitz der merowingischen Könige und wurde der Legende nach im 7. Jh. vom Sohn König Dagoberts II. dem Bischof von Straßburg übergeben, nachdem ihn dieser vom Tod auferweckt haben soll. So wurde die Stadt zum Hauptort eines bischöflichen Territoriums (Mundat).

Im 13. Jh. wurden die Stadtbefestigungen angelegt, im 14. Jh. erneuert. Judenpogrome (1308 und 1338), Plünderungen durch die Armagnaken (1444) und Kämpfe im Dreißigjährigen Krieg (1633–35) dezimierten Bevölkerung und historische Substanz. 1663 wurde das Mundat französisch, die Befestigung abgetragen. Trotz allem haben sich ein reizvolles Ortsbild und wichtige Baudenkmäler erhalten.

Zentrum des Ortes ist die weite **Place de la République**. Hier konzentriert sich alles Wesentliche: das an die Stadtmauer angebaute **Alte Rathaus** mit seinen beiden Renaissancegiebeln von 1581 und 1617, der Hexenturm **Tour des Sorcières** (14. Jh.) und das Kornhaus **Ancienne Halle aux Blés** von 1569 mit Treppengiebel und kleinem Heimatmuseum (Juli/Aug. Mi–Mo 15–18 Uhr) im Obergeschoss.

Rouffachs romanisch-gotische Pfarrkirche Notre-Dame de l'Assomption

Dieser ›weltlichen‹ Gruppe gegenüber steht die mächtige Pfarrkirche **Notre-Dame de l'Assomption** (tgl. 8–19 Uhr), heute eine wichtige Station an der *Route Romane*. Der Bedeutung der Stadt entsprechend handelt es sich um einen sehr aufwendigen Bau. Bei einem Rundgang um die Kirche kann man die höchst originellen *Skulpturen* betrachten, die in luftiger Höhe das Gebäude beleben. Da endeckt man u. a. einen Bauern, der einer äußerst attraktiven, obwohl animalisch behaarten Schönen, Stilaugen macht.

Apsiden und Querschiff stammen noch aus dem 11. Jh. Im 12. Jh. wurde der basilikale Bau eingewölbt und mit Strebepfeilern versehen. Gegen 1200 begann man mit der Erneuerung des Langhauses, das somit den *frühesten gotischen Bau* im Elsass darstellt. Im 13. Jh. entstanden Vierungsturm und verlängerter Chor. Im 14. Jh. begann Meister Wölflin mit dem Bau der Fassade und schuf das prachtvolle Rosenfenster. Aber nur der mittlere Teil und die Untergeschosse der beiden Türme sind alt, der weitere Aufbau erfolgte erst im 19. Jh. und wurde dann eingestellt. Im **Innenraum** gibt es qualitätvolle Figurenkonsolen, ein prächtiges Rittergrabmal des 14. Jh. sowie eine Marienleuchte und einen Taufstein vom Ende des 15. Jh. Die übrige Einrichtung stammt größtenteils aus dem 19. Jh.

Heute profaniert ist die **Franziskanerkirche** (13. und 15. Jh.) an der Hauptstraße; östlich davon, gleich außerhalb der Mauern, wurde ein **Storchenpark** eingerichtet, dank dem sich die Störche nun wieder in der Stadt heimisch fühlen.

i Praktische Hinweise

Information

Office de Tourisme, 12 A, place de la République, Rouffach, Tel. 03 89 78 53 15, www.ot-rouffach.com

Hotels

A la Ville de Lyon, 1, rue Poincaré, Rouffach, Tel. 03 89 49 65 51, www.alavilledelyon.eu. Heutiger Komfort in einem Postbüro aus dem 16. Jh.

TOP TIPP **Château d'Isenbourg**, Rue de Pfaffenheim, 2 km nördlich von Rouffach, Tel. 03 89 78 58 50, www.isenbourg.com. Luxushotel in einem Schloss des 19. Jh., traumhaft inmitten der Weinberge gelegen, mit prächtigem Blick auf Rouffach und allem erdenklichen Komfort. Ein Golfplatz liegt in der Nähe.

Restaurant

Philippe Bohrer, 1, rue Poincaré, Rouffach, Tel. 03 89 49 62 49, www.philippe-bohrer.fr. Exquisites Gourmet-Restaurant (Mo mittag, Mi mittag und So geschl.), einfacher die zugehörige, in einem ehemaligen Kino eingerichtete **Brasserie Chez Julien**.

51 Guebwiller
Gebweiler

Die Stadt der Äbte im Florival, dem Blumental.

Historisch ist die Stadt im Lauchtal abhängig von der einst mächtigen Abtei Murbach im Westen, aus deren Meierhof sie im 8. Jh. hervorgegangen war. Um 1200 entwickelte sie sich zum **Verwaltungsmittelpunkt** der Klosterländereien. Im 18. Jh. verließen die Mönche die Einsamkeit von Murbach und fanden in ihrer Stadt ein neues, komfortableres Unterkommen. Heute leben die knapp 12 000 Einwohner recht gut von Maschinenindustrie, Weinbau und Tourismus.

Die Stadt, die sich entlang des Flüsschens Lauch erstreckt, wurde von den Äbten des Klosters mit wehrhaften **Burgen** umgeben. Gegen 1270 wurde sie befestigt. Als die Armagnaken versuchten, 1445 die Stadt zu stürmen, bewährten sich die Mauern vortrefflich. Probleme gab es dennoch, und zwar mit den Untertanen. Im Bauernkrieg 1525 plünderten sie Kloster und Stadt. Auch im Dreißigjährigen Krieg wurde Gebweiler zerstört.

Nach innen mussten also Zugeständnisse gemacht werden. Schon im 14. Jh. verlieh der Abt der Bürgerschaft eine Reihe von Privilegien, erbaute sich aber auch demonstrativ inmitten der Stadt ein Schloss. Diese **Neuenburg** gewann im 18. Jh. besondere Bedeutung. Von 1759 bis zur Aufhebung des Klosters in der Französischen Revolution residierten hier die Äbte. Das barock umgestaltete Schloss ist heute eine Schule und bildet mit den ebenfalls im 18. Jh. erbauten Kanonikerhäusern ein eindrucksvolles Architekturensemble.

Im Haus des Probstes, links vom Eingang der Kirche Notre-Dame, befindet sich das **Musée Théodore Deck et des Pays du Florival** (1, rue du 4 février, Tel. 03 89 74 22 89, Mo, Mi–Fr 14–18, Sa/So 10–12 und 14–18 Uhr). Das Museum zeigt neben Keramiken (19. Jh.) des bedeutenden, in Guebwiller geborenen Künstlers Deck Sakralkunst sowie lokalgeschichtliche Sammlungen. Mit *Florival*, (›blühendes Tal‹) ist übrigens das Tal von Murbach gemeint.

Kern- und Bezugspunkt des besagten Ensembles aber ist die **Église Notre-Dame** (1762–85), das größte klassizistische Kirchengebäude des Elsass. Der Turm wurde erst 1845 hinzugefügt. **Fassade** und **Innenraum** sind von nobler Großzügigkeit, die Details von beachtlicher Qualität. Stilistisch ist alles aus einem Guss und lebt doch von bewusst inszenierten *Spannungen*, etwa zwischen der strengen, antikisierenden Architektur und den freien plastischen Erfindungen des Fidelis Sporer (1731–1811) aus Weingarten. Italienisches Pathos, süddeutsche Heiterkeit und französische Rationalität verbinden sich in diesem Bau ebenso miteinander wie barocke Dynamik und klassizistische Noblesse.

Unweit vom **Rathaus** aus dem 16. Jh. mit seinem reizvollen Erker liegt in einer

Klassizistisch gestalteten Louis Beuque und Gabriel Ritter Notre-Dame in Guebwiller

Seitenstraße rechts die ehem. **Dominikanerkirche** aus dem 14. Jh., die noch Reste von Wandmalereien enthält. Nach Umbau wird sie heute von den **Dominicains de Haute-Alsace** (www.les-dominicains.com) für Konzerte und sonstige Veranstaltungen genutzt.

Über die *Rue de la République* gelangt man in die Oberstadt. Hier erhebt sich in der Stadtmitte die Kirche **St-Léger**, (St. Leodegar). 1182 begonnen, kann sie als wunderbar reines Beispiel eines von Burgund geprägten **spätromanischen Stils** gelten. Die zweitürmige, ursprünglich nur dreischiffige Basilika mit Querhaus, Vierungsturm, Vorhalle und darüber befindlicher Michaelskapelle fasziniert durch stimmige Proportionen, konsequente Logik des architektonischen Systems und qualitätvolles skulpturales Dekor. Aus dem ›gebundenen System‹ der Wölbung – auf ein Hauptschiffjoch kommen zwei Querschiffjoche – resultiert der Rhythmus des Stützenwechsels. Trotz Rippenwölbung und Spitzbogen ist der Raumeindruck noch ganz romanisch, wogegen Chor und später angefügte äußere Querschiffe die Sprache der Gotik sprechen.

Soultz-Haut-Rhin/Sulz

Im südlich an Guebwiller anschließenden Soultz lohnt die gotische Kirche **St-Maurice** (tgl. 14–18 Uhr) mit Wandmalereien, Skulpturen und einer Orgel des Silbermann-Sohnes einen Besuch. In dem kleinen Ort haben sich viele alte Häuser und Teile der Befestigung erhalten. Die alte Wasserburg Bucheneck beherbergt das sehenswerte Heimatmuseum **Musée du Bucheneck** (rue Kageneck, Tel. 03 89 76 02 22, Mai–Okt. Mi–Mo 14–18 Uhr). Außerdem präsentiert in den Gebäuden der ehem. *Commanderie St-Jean* der Malteserritter das Spielzeugmuseum **La Nef des Jouets** (12, rue Jean Jaurès, Tel. 03 89 74 30 92, April–Dez. Mi–Mo 14–18 Uhr) Kinderträume vergangener Tage.

Thierenbach

Die Wallfahrtskirche **Notre-Dame de Thierenbach** liegt südwestlich auf einer Anhöhe in der Nähe von Jungholtz. Die Wallfahrt nach Thierenbach geht auf das 8. Jh. zurück. Im 12. Jh. gründeten die Benediktiner ein Priorat, das bis zur Französischen Revolution Bestand hatte. Die heutige Hallenkirche wurde 1717–23 vom Vorarlberger Baumeister Peter Thumb errichtet. Nach einem Brand 1884 und Kriegsschäden waren allerdings umfassende Restaurierungen nötig. Der Glockenturm kam 1932 hinzu.

Die Kriegsschäden an der Kirche hängen mit den Kämpfen 1915/16 am nahen **Vieil Armand**, dem Hartmannsweilerkopf, zusammen. An die dort gefallenen Soldaten sowie die Kriegsschäden erinnert ein Ehrenmal mit Statuen des einflussreichen Bildhauers Emile-Antoine Bourdelle (1861–1929).

i Praktische Hinweise

Information

Office de Tourisme, Hôtel de Ville, 71, rue de la République, Guebwiller, Tel. 03 89 76 10 63, www.tourisme-guebwiller.fr

Hotel

Domaine de Beaupré, Allée des Marronniers, Guebwiller, Tel. 03 89 74 28 57, www.domainedebeaupre.com. Nobel logiert man in diesem Herrenhaus des 19. Jh. inmitten eines schönen Parks.

52 Murbach

Stilles Denkmal einstiger kirchlicher Größe.

Der Weg führt in ein stilles Seitental der Lauch. Man betritt das Gelände der einst mächtigen **Abtei** (Sommer tgl. 9–18, Winter bis 17 Uhr) durch ein schönes Tor des 17. Jh., hoheitsvoll ragt die **Doppelturmfassade** der Abteikirche auf, harmonisch gegliedert, wunderbar in die Landschaft eingebunden. Die Ernüchterung folgt beim Weitergehen: Vom Bau der romanischen Leodegarkirche sind nur noch Chor, Querschiff und Türme vorhanden. Wo einst das Langhaus war, erstreckt sich heute ein Friedhof. Vergänglichkeit könnte kaum eindrucksvoller artikuliert werden.

TOP TIPP

Gegründet wurde das Kloster in der Merowingerzeit, 727 führte der hl. Pirmin die Benediktinerregel ein. Bischof und Adel statteten die Gründung mit reichem **Landbesitz** aus. Murbach war reichsunmittelbar und unterstand bischöflicher Jurisdiktion nur bedingt. Reiches **kulturelles Leben** konnte sich entfalten, das Kloster galt als Zentrum der ›Karolingischen Renaissance‹. Seine *Bibliothek* umfasste Tausende von Handschriften.

Krisen und Kriege, Burgenbau und Zwistigkeiten erschöpften die Kassen der Abtei. Disziplin, Bildung und Frömmigkeit ließen nach, im 15. Jh. war ein **Tiefpunkt** erreicht. Eine letzte **Blüte** erlebte die Abtei am Vorabend der Reformation unter dem humanistisch gebildeten Abt Bartholomäus von Andlau. Die Reformation selbst konnte sich auf dem Territorium des Klosterstaates nicht durchsetzen, vorsorglich wurden zur Abschreckung einige ›Irrgläubige‹ verbrannt. Im Bauernkrieg machte sich die Wut der Unterdrückten in Plünderungen Luft. Im 16. und 17. Jh. war Murbach ein kleines **Fürstentum**, Kommendataräbte (Laienäbte) aus dem europäischen Hochadel wurden mit der Verwaltung betraut, vor Ort führte ein Prior die Geschäfte.

Am Ende des Dreißigjährigen Krieges, der der Abtei übel mitgespielt hatte, war nur noch ein einziger Mönch übrig geblieben. Die Bibliothek war in alle Winde zerstreut. Wesentliche Teile bewahrt heute die Städtische Bibliothek Colmar.

Doch noch einmal fand sich im 18. Jh. ein Konvent zusammen, ein **Wiederaufbau** war geplant. Provisorisch richtete man sich in Gebweiler ein, fand aber bald an diesem Zustand Gefallen. Nach zwanzigjährigen Verhandlungen mit Rom und

Drastische Ausdruckskraft kennzeichnet die ›Passion Christi‹ auf dem Buhler Flügelaltar

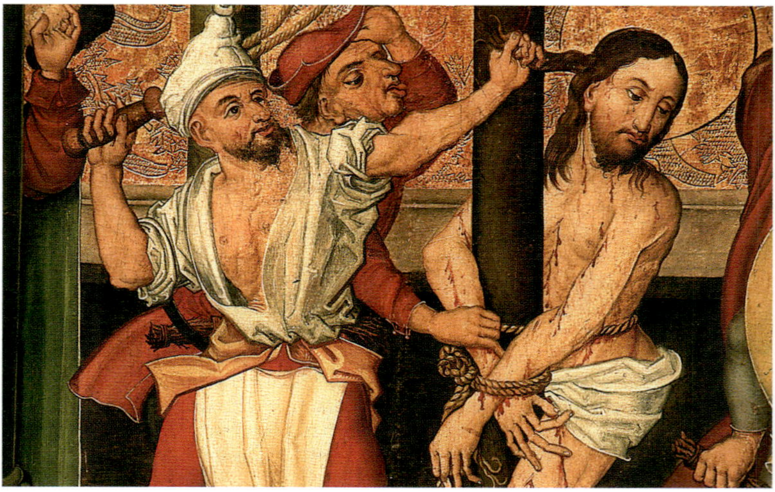

Versailles wurde schließlich 1759 die Umwandlung des Klosters in ein adeliges Stift und der Verbleib der Brüder in Gebweiler genehmigt.

Die Murbacher Klosterkirche diente in der Folgezeit als Steinbruch. Chor und Querschiff überließ man dem Dorf Murbach als **Pfarrkirche**. Den endgültigen Schlussstrich zog die Zerstörungswut der Französischen Revolution.

Die in Murbach verbliebenen Reste geben noch immer eindrucksvoll Zeugnis von vergangener Größe. Der imperiale Bau dürfte um 1150 entstanden sein. Machtvolle Löwen und elegante Weinranken zieren das Tympanon des **Südportals**, wie wahllos eingestreut wirken dagegen die teilweise rätselhaften, hoch oben angebrachten Skulpturen der monumentalen Chorfassade.

Im **Kircheninneren** verdienen einige Figuren Beachtung sowie das im 13. Jh. geschaffene Grabmal des weltlichen Klostergründers, des Grafen Eberhard.

Buhl/Bühl

Schließlich sei noch ein Abstecher nach Osten in das kleine Dorf Buhl empfohlen. Die neoromanische Kirche enthält als besonderes Kleinod einen 7 m breiten, spätgotischen **Flügelaltar** mit überaus detaillierten, farbigen und lebendigen, zum Teil drastisch-karikaturhaften und volkstümlich-naiven Darstellungen der Passion Christi. Auf den Außenflügeln sind die Jagd auf das mystische Einhorn, eine motivreiche Allegorie der Verkündigung und Menschwerdung Christi sowie Szenen aus seiner Kindheit und die Himmelfahrt dargestellt, auf der Retabel-Rückseite das Jüngste Gericht.

Reisefilm: Murbach
QR Code scannen [s. S. 5] oder dem Link folgen: www.adac.de/rf0217

53 Thann

Der Finger des hl. Theobald.

Die Thur entspringt in der Nähe des *Col de Bramont* (Schnepfenkopf), ihr oberes Tal ist landschaftlich reizvoll. Am Talausgang liegt Thann. Name und Bedeutung des Ortes leiten sich von einer **Reliquie** ab. Der Sage nach vermachte der umbrische Bischof Theobald († 1160) seinem

Szenen aus dem Marienleben zeigt das grandiose Figurenportal von St. Theobald in Thann

Diener einen kostbaren Ring. Der Mann versuchte nach dem Ableben seines Herrn, den Ring vom Finger zu ziehen, dabei aber ging – Zufall, Wunder oder Absicht – der ganze Finger mit. Der Diener verbarg die kostbare Reliquie im Knauf seines Reisestabes und machte sich auf den Weg in seine lothringische Heimat. Er rastete unter drei Tannen und lehnte seinen Wanderstab an einen der Bäume. Am nächsten Morgen ließ sich der Wanderstab nicht mehr von der Stelle bewegen. So erzählt es die Legende, an die jedes Jahr am 30. Juni das fröhliche Volksfest der **Tannenverbrennung**, *Crémation des Trois Sapins*, erinnert. An dem Ort des Wunders entstand bald eine lebhafte **Wallfahrt**, die der kleinen Stadt Aufschwung und Wohlstand bescherte.

TOP TIPP

Im Stadtkern sind mit der *Tour des Sorcières* (Hexenturm) Reste der Befestigung des 15. Jh. erhalten sowie das *Rathaus* von 1778 und andere historische Häuser. In der ehem. Kornhalle von 1519 in der *Rue St-Thiébaut* befindet sich das interessante Heimatmuseum **Musée des Amis de Thann** (Tel. 03 89 38 53 25, Juni/Sept. Di–So 14–18 Uhr).

Herbstliche Dunstschleier durchziehen die Vogesenlandschaft der drei Belchen

Exemplarisch lässt sich in dem hohen dreischiffigen Raum der ehem. Stiftskirche **St-Thiébaut** (Sommer 8.30–19, Winter 8.30–17 Uhr) die Entwicklung der Gotik studieren: im südlichen Seitenschiff ernste Frühgotik (1232–46), im Chor und Mittelschiff reife Hochgotik (1351–1423), im nördlichen Seitenschiff schließlich ›flamboyante‹ Spätgotik (1430–92). Spätgotisch ist auch der 1516 entstandene filigrane Turm. Nachgotisch ist die Muttergotteskapelle von 1629–31, neogotisch schließlich sind Strebepfeiler und große Teile der Ausstattung. Doch die wunderbaren *Netzgewölbe*, Schlusssteine und skulptierten Kapitelle, die ›Winzermadonna‹ und zwei Figuren des hl. Theobald aus dem 16. Jh. sowie Fenster und reich geschnitztes *Chorgestühl* mit originellen Misericordien aus dem 15. Jh. sind alt und ›echt‹. Aus mittelalterlicher Zeit stammt auch das einzigartige, reich skulptierte *Figurenportal* der kathedralartigen Fassade. Das 1342–1420 geschaffene, übergreifende Bogenfeld des Portals ist mit zahllosen Einzelszenen von höchster Qualität dem Marienleben gewidmet. Die kleineren Tympana darunter wurden um 1500 eingebaut. Das bereits in flamboyanten Formen gestaltete Nordportal dürfte um 1450 anzusetzen sein.

Parc naturel régional des Ballons des Vosges

Weite Waldgebiete westlich von Thann gehören zu dem 1989 eingerichteten, beliebten Wander- und Naturschutzgebiet des *Parc naturel régional des Ballons des Vosges*. Im Umkreis des südwestlichsten der drei Vogesen-Belchen, des 1247 m hohen **Ballon d'Alsace**, einem Gipfel mit grandiosem Panoramablick, entspringt die Doller. Sie ist neben der Thur der südlichste der Vogesenflüsse. Vom **Grand Ventron** (1202 m) genießt man auch einen schönen Ausblick. In der Nähe des 731 m hoch gelegenen **Col de Bussang** entspringt, unspektakulär in Stein gefasst, die Mosel. Eine Attraktion ist der historische Dampfzug *Train Thur Doller* (Tel. 03 89 82 88 48, www.train-doller.org), der zwischen Cernay und Sentheim verkehrt. In Sentheim lohnt ein Besuch der **Maison de la Géologie** (Place de l'Eglise, Tel. 03 69 77 12 41, www.geologie-alsace.fr, Juli/Aug. So ab 14, März–Juni und Sept./Okt. 1. So im Monat ab 14 Uhr) mit geologischem Lehrpfad.

Masevaux/Masmünster

Besonders reizvoll ist die kurvenreiche Fahrt von Thann aus südwestlich auf der kleinen D14 durch die Vogesen. Die Strecke führt über den 1870/71 heiß umkämpften, 748 m hoch gelegenen **Col de Hunsruck**. Bei Masevaux mündet die Nebenstraße in die D466. In dem hübschen Dorf um ein *ehem. Frauenkloster* hat sich aus dem 14. Jh. der Chor der **Abteikirche** erhalten. Auf der bedeutenden neuen **Orgel** wird regelmäßig konzertiert.

Praktische Hinweise

Information

Office de Tourisme, 7, rue de la Ière Armée, Thann, Tel. 03 89 37 96 20, www.hautes-vosges-alsace.fr/de

Office de Tourisme de Masevaux et de la Vallée de la Doller, 9, Place des Alliés, Masevaux, Tel. 03 89 82 41 99, www.hautes-vosges-alsace.fr/de

Hotel

Hôtel du Rangen, 35–37, rue du Général de Gaulle, Thann, Tel.

03 89 37 47 33, www.hoteldurangen.com. Übernachten zum günstigen Preis im Hotel garni.

54 Ensisheim

Einstiges Zentrum der Habsburger in der Rheinebene.

Die 6000-Einwohner-Stadt Ensisheim an der Ill war einst das **Verwaltungszentrum** der habsburgischen Besitzungen im Oberelsass, wurde aber 1444 durch die Armagnaken verwüstet.

1525 übernahm Ensisheim die Führung im blutig niedergeschlagenen Kampf der aufständischen Bauern gegen ihre Unterdrücker. 1648 kam der Ort an Frankreich, 1657–98 tagte hier das Oberste Gericht des Elsass, der **Conseil Souverain d'Alsace**.

Ein ziemlich außergewöhnliches Ereignis in der Stadtgeschichte war der Niedergang eines **Meteors** im Jahr 1492. Man kann das kosmische Geschoss im **Musée de la Régence** (place de l'Église, Tel. 03 89 26 49 54, Mo, Mi–Fr 14–18, Okt.–April am 1. und 3. Wochenende des Monats 14–18, Mai–Sept. Sa/So 14–18 Uhr) besichtigen. Von den ursprünglichen 130 kg des Meteoriten sind noch 54 kg übrig, da man immer wieder Stücke an illustre Gäste verschenkte. Das Museum umfasst archäologische, mineralogische und historische Sammlungen. Es ist untergebracht im ehemaligen **Palais de la Régence**, dessen 1535–47 entstandene Fassade zu den frühesten der Renaissance im Elsass gehört.

Am Ende des Zweiten Weltkriegs hatte die Stadt unter Artilleriebeschuss und Bombardement schwer zu leiden, doch einige schöne Häuser blieben erhalten, wie die **Auberge de la Couronne** von 1610 gegenüber dem Museum.

TOP TIPP Ecomusée d'Alsace

Südwestlich liegt das zu Ungersheim gehörende größte Freilichtmuseum Frankreichs, das *Ecomusée d'Alsace* (Chemin Grosswald, Tel. 03 89 74 44 74, www.ecomusee-alsace.fr, Ende Mai–Aug. tgl. 10–18, April–Ende Mai/Sept./Okt. Di–So 10–18, Dez. Di–So 11–19, Jan.–März geschl.) mit über 70 historischen Gebäuden und Handwerksbetrieben. Angeboten werden zahlreiche Themenführungen, vielen Handwerkern kann bei der Arbeit mit den historischen Werkzeugen zugeschaut werden.

Der Sundgau – hügeliger Ausklang im Süden

Die Gegensätze im Süden des Elsass könnten nicht größer sein: In Thann endet die teilweise sehr romantische Weinstraße, zwischen Vogesen und Jura öffnet sich die **Burgundische Pforte**, jene **Trouée de Belfort**, durch die sich jahrtausendelang der friedliche oder auch kriegerische Austausch zwischen Nord und Süd, West und Ost, zwischen Germanien und der romanischen Welt vollzog. Wichtige Straßen bedienen sich auch heute noch dieser Passage und der **Canal du Rhône au Rhin** verbindet das Mittelmeer mit der Nordsee.

Nicht von ungefähr hat sich zwischen Thann, Mulhouse, Belfort und Montbéliard eine vielfältige, oft weniger ansehnliche **Industrie** angesiedelt. Aber das elsässische Land südöstlich davon, der ›Sund (Süd) gau‹, ist mit seinem vergleichsweise rauen Klima, seinen Hügeln und Wäldern, Wiesen, Maisfeldern, Obstgärten und zahllosen Teichen (Spezialität: Karpfen) von eigener, **stiller Schönheit**.

55 Mulhouse
Mülhausen

Elsässische Industrie-Metropole mit spannenden Technikmuseen.

Das betriebsame Mulhouse ist mit rund 111 000 Einwohnern die zweitgrößte Stadt im Elsass und das bedeutendste Industriezentrum der Region. Seit 1969 ist Mulhouse auch Universitätsstadt.

Geschichte Die Stadt wird in der Karolingerzeit erstmals erwähnt. Im 11. Jh. übten hier sowohl der Bischof von Straßburg als auch die Staufer Besitzrechte aus. Unter den Letzteren schritt die städtische Selbstverwaltung zügig voran: 1217 gab es Schultheiß und Rat. Hierüber kam es zum Konflikt mit dem Bischof und 1236 wurde die Stadt geteilt. Mithilfe des Kaisers gelang es den Bürgern, die Herrschaft des Bischofs abzuschütteln. In der Folgezeit entsprach die Entwicklung der Stadt zunächst der vergleichbarer anderer Städte im Elsass: Stadtrecht, Adelsrat, 1333 Bündnis der Reichsstädte, 1354 Beitritt zur *Dekapolis* (Zehnstädtebund), Auflehnung der Bürger gegen den Adel.

Doch dann ging Mülhausen eigene Wege: Es verbündete sich mit den Eidgenossen gegen Adel und Burgunderherrschaft, schloss im Jahr 1506 einen

Der neogotische Temple St-Etienne dominiert die Place de la Réunion in Mulhouse

zwanzigjährigen Schutzvertrag mit dem nahen Basel, trat 1515 aus der *Dekapolis* (Zehnstädtebund) aus und der *Eidgenossenschaft* bei. 1523 setzten die Wirren der Reformation ein, 1590 wurde die Stadt einheitlich protestantisch. Spannungen mit dem katholischen Teil der Eidgenossenschaft führten zur Auflösung der Konföderation. Erst 1777 trat Mülhausen wieder dem *Schweizer Bündnis* bei.

Dass Mulhouse heute dennoch nicht zur Schweiz gehört, hat letztlich wirtschaftliche Gründe. Die Industrialisierung des 18. und 19. Jh., die das Aussehen der Stadt beträchtlich veränderte, band sie zugleich eng an Frankreich, dem man sich 1798 anschloss.

Besichtigung Mit ihrem 97 m hohen Turm dominiert die evangelische Kirche **Temple St-Etienne** 1 (Mai–Sept. Mi–So 10–18 Uhr), ein neogotischer Bau aus dem Jahr 1866, die *Place de la Réunion*. Als Kostbarkeit enthält die Stephanskirche die vom Vorgängerbau übernommenen Glasfenster des 14. Jh. Ein reiches Bildprogramm stellt alt- und neutestamentliche Themen ›typologisch‹ einander gegenüber.

Weltlicher Gegenpol der Kirche ist das schräg gegenüberliegende, 1552 erbaute **Hôtel de Ville** 2, ebenfalls an der *Place de la Réunion*, ein selbstbewusstes, repräsentatives Gebäude mit damals neuartigen architektonischen Details wie Doppeltreppe und Loggia. Seine – allerdings stark restaurierten – *Fassadenmalereien* stammen von Christian Bockstorffer (1522) und veranschaulichen anhand allegorischer Figuren programmatisch das ideale Stadtregiment. Darunter befindet sich eine Kopie des ›Klappersteins‹. Diesen musste tragen, wer sich übler Nachrede schuldig gemacht hatte. Das Original wird im reichhaltigen **Musée Historique** (Tel. 03 89 33 78 17, Mi–Mo 13–18.30 Uhr) aufbewahrt, das hier im alten Rathaus logiert.

In unmittelbarer Nähe befindet sich an der *Place Guillaume Tell* das **Musée des Beaux-Arts** 3 (Tel. 03 89 33 78 11, Sept.–Juni Mi–Mo 13–18.30, Juli/Aug. Mi–Mo 10–12, 13–18.30 Uhr) mit beachtlichen Werken der Malerei vom Mittelalter bis zum 19. Jh. (Jan Brueghel, Boucher, Courbet u.a.)

Mulhouse, so wenig museal es wirkt, ist eine veritable Ausstellungs-Stadt: Eine ganze Reihe von durchweg hochinteressanten Museen (www.musees-mulhouse.fr)

Einen markanten städtebaulichen Akzent setzt die 100 m hohe Tour de l'Europe

beschäftigt sich mit Aspekten der für Mülhausen wichtigen Industrie. Am südöstlichen Zentrumsrand zeigt in der Nähe von Bahnhof und Kanal das **Musée de l'Impression sur Étoffes** 4 (14, rue Jean-Jacques Henner, Tel. 03 89 46 83 00, www.musee-impression.com, Di–So 10–12 und 14–18 Uhr) alles über Stoffdruck.

Richtung Nordwesten liegen einige Sehenswürdigkeiten auf dem Weg, etwa in der Grand'Rue die frühere Malteserkapelle **Chapelle St-Jean** 5 mit Lapidarium und Wandmalereien, die heute für Konzerte genutzt wird. Oder westlich davon die Reste des ehem. *Bischofsschlosses*, markiert durch die beiden Viereckttürme **Tour du Diable** 6 und **Tour Nessel** 7, den Teufels- und den Nesselturm.

Außerhalb des Altstadtkerns befinden sich im westlichen Stadtteil Dornach zwei wichtige Museen. In der *Rue Alfred de Glehn* zeigt das Eisenbahnmuseum **Cité du Train** 8 (Tel. 03 89 42 83 83, www.citedutrain.com, Mai–Okt. tgl. 10–18, Nov.–April tgl. 10–17 Uhr) neben Lokomotiven und Waggons aller Art auch Nachbauten historischer Bahnhöfe. Gleich nebenan liegt das **Musée EDF Electropolis** 9 (55, rue du Pâturage, Tel. 03 89 32 48 50, www.electropolis.tm.fr, Di–So 10–18 Uhr), ein ebenso umfangreiches wie informatives Museum der Elektroenergie.

So einen schnittigen Alfa Romeo konnte sich damals wie heute nicht jeder leisten

Nördlich des Zentrums ist in den Gebäuden einer ehem. Kammgarnspinnerei das Glanzlicht unter den Mülhausener

TOP TIPP

Museen untergebracht, die **Cité de l'Automobile** 10 mit der *Collection Schlumpf* (192, avenue de Colmar, Eingang 15, rue de l'Épée, Tel. 03 89 33 23 23, www.citedelautomobile.com, Ende März–Okt. tgl. 10–18, Nov./Dez, Mitte Feb.–Ende März tgl. 10–17, Jan.–Mitte Feb. Mo–Fr 13–17, Sa/So 10–17 Uhr). Der Anblick der mehr als 400 historischen Sammlerstücke vom Luxus- bis zum Rennwagen dieses nach seiner Erweiterung größten Automobilmuseums der Welt (25 000 m^2 Fläche) ist ein Erlebnis, allein schon wegen der Bugatti Royale.

Wieder südwärts, führt die *Avenue de Colmar* direkt auf die *Porte Jeune* zu. Links davon liegt die *Place de l'Europe* mit der 100 m hohen, auf dreieckigem Grundriss mit konkav geschwungenen Fassaden errichteten **Tour de l'Europe** 11 (1969–72, François Spoerry). Bedeutend älter ist weiter südlich die **Tour du Bollwerk** 12. Sie stammt aus dem 14. Jh. und ist ein Überrest der alten Stadtbefestigung.

Mulhouse verfügt im südlichen Viertel Rebberg hinter dem Bahnhof auch über einen überregional bedeutenden und schön angelegten **Parc Zoologique et Botanique** 13 (Tel. 03 69 77 65 65, www.zoo-mulhouse.com, Mai–Aug. tgl. 9–19, März, Okt./Nov. tgl. 9–17, Dez.–Febr. tgl. 10–16, April, Sept. tgl. 9–18 Uhr).

Natürlich gibt es beim Bummeln durch Mulhouse noch viel mehr zu entdecken, Altes ebenso wie Neues, etwa prächtige **Privathäuser** aus dem 15.–19. Jh., den arkadengesäumten **Square de la Bourse** (1826–29, Jean Geoffroy Stotz und Felix Friese) oder auch die architektonisch bewundernswerte, auf zeitgenössische Kunst spezialisierte **La Kunsthalle** (16, rue de la Fonderie, Tel. 03 89 06 32 26, www.kunsthallemulhouse.com, Mi–Fr 12–18, Sa/So 14–18 Uhr, Eintritt frei).

Rixheim

Ebenfalls zu den zahlreichen Museen von Mulhouse zählt das Tapetenmuseum **Musée du Papier Peint** 14 (28, rue Zuber, Tel. 03 89 64 24 56, www.museepapierpeint.org, Mai–Okt. tgl. 10–12 und 14–18, Nov.–April Mi–Mo 10–12 und 14–18 Uhr) in dem 6 km östlich gelegenen Vorort Rixheim. Es ist neben und z.T. in einer noch heute bestehenden Tapetenfabrik eingerichtet. Im Sommer finden auch Vorführungen zum Tapetendruck statt.

Ungersheim

Etwa 18 km nördlich von Mulhouse eröffnete 2014 der **Parc du Petit Prince** (68190 Ungersheim, Tel. 03 89 62 43 00, www.parcdupetitprince.com, Juli/Aug. tgl. 10–19 Uhr, sonst kürzer, Details siehe Homepage). Der moderne Freizeitpark rund um die Welt des Kleinen Prinzen ist ganz im Sinne des Helden aus Antoine de Saint-Exupérys Buch dem Thema Fliegen gewidmet, es gibt Ballonfahrten, Flugsimulatoren und ein Kettenkarussell.

i Praktische Hinweise

Information

Office de Tourisme, 1, avenue Robert Schuman, Tel. 03 89 35 48 48, www.tourisme-mulhouse.com

Hotel

Bâle, 19, passage Central, Mulhouse, Tel. 03 89 46 19 87, www.hoteldebale.fr.

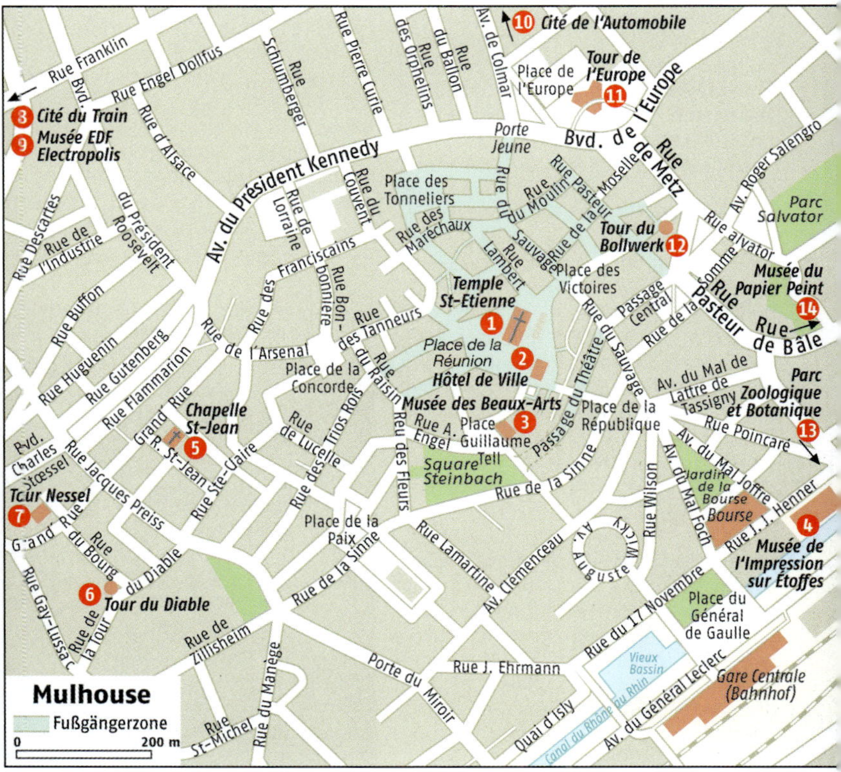

Preisgünstiges, angenehmes, zentral gelegenes Hotel garni.

Restaurants

Aux Caves du Vieux Couvent, 23, rue du Couvent, Mulhouse Tel. 03 89 46 28 79. Taverne mit preiswerter Küche (tgl. außer Mo, Mi und So nur mittags geöffnet).

Il Cortile, 11, rue des Franciscains, Tel. 03 89 66 39 79, www.ilcortile-mulhouse.fr. In modern gestalteten Räumen und im stimmungsvollen *Cortile* (Innenhof) genießt der Gast die auf bester italienischer Tradition basierende, mit einem Michelinstern gewürdigte Kochkunst von Stefano D'Onghia (So/Mo geschl.).

56 Ottmarsheim

Das Oktogon der adeligen Frauen.

Ottmarsheim (2000 Einw.) liegt im ›Dreiländereck‹ an der Grenze zu Deutschland und der Schweiz. Der günstigen Lage am Rhein bzw. am Rheinseitenkanal **Grand Canal d'Alsace** verdankt es die gewaltige, 1948–52 errichtete **Schleusenanlage**.

Schon seit alter Zeit befand sich hier, in unmittelbarer Nähe eines Rheinübergangs, eine Zollstätte. Um 1045 gründete Rudolph von Altenburg ein Benediktinerinnenkloster. Wenig später in ein adliges **Damenstift** umgewandelt, bestand es bis zur Revolution.

Erhalten ist lediglich die 1049 von dem Elsässer Papst Leo IX. geweihte **Abteikirche** (tgl. 9–19 Uhr), eine wichtige Station der *Route Romane*. Sie ist von besonderem Interesse, handelt es sich dabei doch um einen der seltenen Nachfolgebauten der *Pfalzkapelle Karls des Großen* in Aachen, die ihrerseits Baugedanken byzantinischer Kunst aufgreift und weiterführt. Ausgehend von Aachen hat sich der Typus der Doppelkapelle für Palastkirchen eingebürgert: Auf der Empore thront der Herrscher, unten nimmt das Volk am Gottesdienst teil. Beide Bereiche sind deutlich geschieden, wenngleich nicht gegeneinander abgeschlossen. Bemerkenswert bleibt der **achteckige Grundriss**, somit der geradezu demonstrative Hinweis auf Aachen, Kaiser und Reich. Immerhin war Ottmarsheim der Mittelpunkt des habsburgischen Hausgutes im Elsass. Der eindrucksvoll-schlichte Innenraum weist heute nur noch Reste der einstmals üppigen Freskierung auf.

i Praktische Hinweise

Hotel

Als'Hôtel, Carrefour de la Vierge, Ottmarsheim, Tel. 03 89 26 06 07, www.alshotel.com. Modernes und zweckmäßig eingerichtetes Hotel mit gutem Restaurant.

57 Altkirch

Im Land der Grafen von Pfirt.

Einer der wichtigsten Orte im Sundgau ist Altkirch (6000 Einw.). Das Städtchen verfügt über hübsche **Häuserzeilen** aus dem 16. und 17. Jh. Reizvoll sind das Rathaus von 1780 und der Brunnen von 1857.

Rechts neben dem Rathaus ist in einem Haus des 17. Jh. mit Treppenturm das regionalgeschichtliche **Musée Sundgauvien** (1, rue de l'Hôtel de Ville, Tel. 03 89 40 01 94, www.sundgau-sudalsace.fr, Juli/Aug. Di–So 14.30–17.30, Sept.–Juni So 14.30–17.30 Uhr) untergebracht. Die neoromanische **Kirche** am Ende der Hauptstraße wurde 1845 anstelle des im 17. Jh. abgerissenen Schlosses der Grafen von Pfirt erbaut. Im Inneren bewahrt sie vier Figuren eines Ölbergs (frühes 16. Jh.), eine Pietà des 17. Jh. und Gemälde des 19. Jh.

Juden waren in Altkirch bereits im 14. Jh. ansässig. In der Rue de Ferrette hat sich ihre 1834 anstelle einer älteren erbaute, 1848 geplünderte und 1850 wiederaufgebaute **Synagoge** erhalten. 1940 wurde sie von den Nationalsozialisten als Kino zweckentfremdet, 1950 restauriert und ihrer ursprünglichen Aufgabe wieder zurückgegeben.

An Kaiser und Reich erinnert die achteckige ehem. Stiftskirche von Ottmarsheim

Illfurth

Nördlich von Altkirch markiert Illfurth eine alte *Furt* über die Ill. In der Nähe, auf dem Britzgyberg, sind Reste keltischer Befestigungsanlagen erhalten. Die alte **Burnkirche** (Bauernkirche) aus dem 15. Jh. befindet sich außerhalb des Ortes, inmitten des Friedhofs. In der Dorfmitte entstand 1970/71 die architektonisch ungewöhnliche, an eine Pyramide erinnernde Pfarrkirche **St-Martin**. Sie birgt eine Mondsichelmadonna des 15. Jh.

i Praktische Hinweise

Information

Office de Tourisme, 30, rue Charles de Gaulle, Altkirch, Tel. 03 89 40 02 90, www.sundgau-sudalsace.fr

Hotel

Auberge Sundgovienne, 1, Route de Belfort, Altkirch, Tel. 03 89 40 97 18, www.auberge-sundgovienne.fr. Gut ausgestattetes, günstiges Hotel mit Restaurant (So abend bis Di mittag geschl.).

58 Ferrette

Landstädtchen im Schutz zweier Burgen.

In Ferrette, deutsch Pfirt (von lat. *Piretum*, Birnengarten), befand sich, in Resten erhalten und markant auf den Jurafelsen thronend, der Stammsitz der Grafen, denen rundum das Land gehörte, einer Nebenlinie der Herren von Mömpelgard (Montbéliard). Die aus **Ober-** und **Unterschloss** bestehende Anlage wird erstmals 1104 erwähnt; die Stadt, malerisch den Burgen zu Füßen liegend, 1271. 1648 kam der Besitz über Österreich an Frankreich, später regierten hier Mazarin und die Grimaldis. In der neogotischen Kirche **St-Bernard-de-Menthon** gibt es qualitätvolle Altäre und andere Einrichtungsstücke aus dem Vorgängerbau, von dem auch der Chor (um 1300) erhalten ist. Eine Kuriosität ist die Madonna mit dreiarmigem Jesuskind. Das **Rathaus** am Ende der steilen Rue du Château stammt von 1572.

Feldbach

Das ehem. **Benediktinerinnenpriorat** Feldbach, 6 km westlich von Ferrette, wurde 1144/45 von Friedrich I. von Pfirt als Familien-Grablege gestiftet. Die **Kirche** hatte ursprünglich drei Apsiden. Auffallend ist, dass es zwar eine ausgeschiedene Vierung, aber kein Querschiff gibt. Restaurierungen führten zu dem heutigen, archaisch wirkenden Zustand.

Im neogotischen Kirchlein von Ferrette ist ein dreiarmiges Jesuskind zu bestaunen

Oltingue

Östlich von Ferrette liegt das kleine Dorf Oltingue. Es hat sich den Charme einer für den Sundgau typischen, bäuerlich geprägten Ansiedlung erhalten. So passt sich auch das Bauernmuseum **Musée Paysan** (10, rue Principale, Tel. 03 89 40 79 24, musee.paysan.free.fr, März–Mitte Juni und Okt./Dez. So 14–17, Mitte Juni–Sept. Di–Do und Sa/So 15–18 Uhr) hervorragend hier ein. Es stellt in einem charakteristischen Holzhaus neben der Kirche häusliches Leben vom Ende des 19., Anfang des 20. Jh. vor.

i Praktische Hinweise

Information

Office de Tourisme, 3A, Route de Lucelle, Ferrette, Tel. 03 89 08 23 88, www.sundgau-sudalsace.fr

Restaurant

Auberge et Hostellerie Paysanne, 1, rue Wolschwiller, Lutter (8 km südöstlich von Ferrette über D23), Tel. 03 89 40 71 67, www.auberge-hostellerie-paysanne.com. Vorzügliche Küche in ehem. Bauernhof des 17. Jh., nettes Ambiente, Gästezimmer (Restaurant Di mittag und Mo geschl.).

Elsass aktuell A bis Z

Vor Reiseantritt

ADAC Info-Service:
Tel. 0800/5 10 11 12 (gebührenfrei)

Unter dieser Nummer oder bei den ADAC Geschäftsstellen können ADAC Mitglieder kostenloses Informations- und Kartenmaterial anfordern.

ADAC Mitfahr Club, www.adac-mitfahrclub.de, www.fahrgemeinschaft.de. Kostenlose Vermittlung von Fahrtangeboten und Mitfahrgelegenheiten im Internet für einmalige und regelmäßige Fahrten.

ADAC im Internet:
www.adac.de
www.adac.de/reisefuehrer

Frankreich im Internet:
www.rendezvousenfrance.com
www.tourisme.fr

Elsass im Internet:
www.tourisme-alsace.com

Atout France,
Französische Zentrale für Tourismus,
www.atout-france.fr

Deutschland
(kein Publikumsverkehr)
Postfach 100128, 60001 Frankfurt/M.,
info.de@atout-france.fr

Österreich
(kein Publikumsverkehr)
Tel. 01/503 28 92 (Mo–Fr 9–16 Uhr),
info.at@atout-france.fr

Schweiz
(kein Publikumsverkehr)
Tel. 044 217 46 11,
info.ch@atout-france.fr

Allgemeine Informationen

Reisedokumente

Reisende aus Deutschland, Österreich und der Schweiz benötigen einen gültigen Reisepass oder Personalausweis, für Kinder bis 12 Jahre genügt ein Kinderreisepass.

Kfz-Papiere

Führerschein und Zulassungsbescheinigung Teil 1 (Fahrzeugschein) sind immer mitzuführen. Die Mitnahme der Internationalen Grünen Versicherungskarte wird empfohlen.

Krankenversicherung

Die Europäische Krankenversicherungskarte ist in die übliche Versicherungskarte integriert. Sie kann in der EU zur Bezahlung medizinischer Leistungen vorgelegt werden. Um finanzielle Risiken zu minimieren, empfiehlt sich der Abschluss einer zusätzlichen Auslandskranken- und Rückholversicherung.

Hund und Katze

Für Hunde und Katzen ist bei Reisen innerhalb der EU ein gültiger, vom Tierarzt ausgestellter EU-Heimtierausweis vorgeschrieben, ebenso die Kennzeichnung durch Mikrochip und teilweise noch durch Tätowierung. Für Hunde sind Leine und Maulkorb mitzuführen.

Zollbestimmungen

Reisebedarf für persönlichen Gebrauch unterliegt innerhalb der EU keinen Beschränkungen und darf abgabenfrei eingeführt werden. Richtmengen für den privaten Verbrauch: 800 Zigaretten, 400 Zigarillos, 200 Zigarren, 1 kg Tabak, 10 l Spirituosen, 20 l Spirituosen bis zu 22 %, 90 l Wein (max. 60 l Schaumwein), 110 l Bier.

Bei Einreise in die Schweiz bleiben Waren im Gesamtwert von unter 300 CHF zollfrei (inkl. Alkohol und Tabak). Zusätzlich müssen Freimengen beachtet werden: Steuerfrei bleiben 250 Zigaretten/Zigarren oder 250 g andere Tabakfabrikate, 5 l alkoholische Getränke bis 18 % Vol. und 1 l alkoholische Getränke über 18 % Vol. Beschränkt ist außerdem die Mitnahme von Lebensmitteln, siehe www.ezv.admin.ch.

Geld

Die gängigen Kreditkarten werden in Banken, den meisten Hotels und in vielen Geschäften akzeptiert. An zahlreichen Geldautomaten kann man rund um die Uhr Bargeld abheben.

Tourismusämter im Land

In den größeren Orten gibt es Tourismusbüros, *Offices de Tourisme*, in denen man Informationsmaterial erhält. Die Büros sind im Hauptteil bei den jeweiligen Orten unter *Praktische Hinweise* aufgeführt.

Comité Régional du Tourisme d'Alsace, 20 A, rue Berthe Molly, 68000 Colmar, Tel. 03 89 24 73 50, www.tourisme-alsace.com

Agence de Développement Touristique du Bas-Rhin, 4, rue Bartisch, 67100 Strasbourg, Tel. 03 88 15 45 88, www.tourisme67.com

Association Développement Touristique du Haute-Alsace Tourisme, 1, rue Schlumberger, 68006 Colmar, Tel. 03 89 20 10 68, www.haute-alsacetourisme.com

Service und Notruf

Notruf: Tel. 112 (EU-weit, auch mobil: Polizei, Unfallrettung, Feuerwehr)

Pannenhilfe auf Autobahnen über Notrufsäulen, oder:

ADAC Notruf aus dem Ausland: Tel. +49/89/22 22 22

ADAC Ambulanzdienst München: Tel. +49/89/76 76 76

ÖAMTC Schutzbrief-Nothilfe: Tel. +43/1/251 20 00

Einsatzzentrale TCS-ETI-Schutzbrief: Tel. +41/58/827 22 20, www.tcs.ch

Diplomatische Vertretungen

Deutschland

Generalkonsulat, 6, quai Mullenheim, 67000 Strasbourg, Tel. 03 88 24 67 00, in Notfällen außerhalb der Geschäftszeiten Tel. 01 53 83 45 00, www.strassburg.diplo.de

Österreich

Generalkonsulat, 29, avenue de la Paix, 67000 Strasbourg, Tel. 03 88 35 13 94, www.bmeia.gv.at

Schweiz

Generalkonsulat/Ständige Vertretung, 23, rue Herder, 67000 Strasbourg, Tel. 03 88 35 00 70, www.eda.admin.ch

Besondere Verkehrsbestimmungen

Tempolimits (in km/h): Für Pkw, Motorräder und Wohnmobile bis 3,5 t innerorts 50, außerorts 90, auf Schnellstraßen 110 (bei Nässe 100), auf Autobahnen 130 (bei Nässe 110). Wer seinen Führerschein noch keine drei Jahre besitzt, darf außerorts max. 80, auf Schnellsttraßen 100, auf Autobahnen 110 fahren. Mopeds dürfen nur 45 fahren.

Promillegrenze: 0,5 (für Fahranfänger in den ersten drei Jahren 0,2)

Im Falle einer Panne oder eines Unfalls außerhalb geschlossener Ortschaften muss eine reflektierende *Warnweste* bereits vor dem Verlassen des Fahrzeugs angelegt werden. Aus Sicherheitsgründen und zur Vermeidung von Bußgeldern sollte sie stets griffbereit sein, am besten im Handschuhfach. Für *Radfahrer* besteht die Tragepflicht nachts sowie auch tagsüber bei schlechter Sicht außerhalb von Ortschaften.

Abblendlicht ist bei Regen- und Schneefällen sowie in Tunnels und Galerien vorgeschrieben. Wenn Sie in einen Kreisverkehr einfahren wollen, haben Sie Vorrang, es sei denn, ein Verkehrszeichen regelt die Vorfahrt anders. Vorfahrtstraßen enden an den Ortsschildern. Die Straßenbahn hat Vorfahrt.

Gelbe oder rote Streifen am Fahrbahnrand bedeuten *Parkverbot*. Das Parken und Halten unter Brücken sowie das Parken in Tunnels oder Unterführungen ist nicht erlaubt. *Verkehrsverstöße* werden streng geahndet.

Anreise

Auto

Die Anreise per Auto erfolgt von Norden bzw. Osten her über die A5 und ihre Zubringer. Fast parallel zur deutschen Autobahn verläuft auf französischer Seite die A35 von Lauterburg nach Straßburg und ab Ebersmünster weiter gen Süden bis Mulhouse und Basel. Die A4 und A36 erschließen von Straßburg bzw. Mulhouse aus das westliche Elsass.

Die französischen Autobahnen sind zumeist **mautpflichtig** (Péage), man kann die Gebühren bar oder mit Kreditkarte zahlen.

In den ADAC Geschäftsstellen erhalten Mitglieder eine Darstellung der mautpflichtigen Autobahnen mit aktuellen Preisangaben.

Bleifreies Benzin *(Essence sans plomb)*, auch als Super, erhält man ebenso wie Diesel *(Gasoil)* an allen Tankstellen.

Bahn

Die Hauptstrecken in das Elsass verlaufen im Norden über Karlsruhe nach Haguenau und im Süden über Basel nach Mulhouse. Von Osten sind die Hauptstrecken

Karlsruhe–Straßburg, Offenburg–Straßburg, Freiburg–Colmar und Freiburg–Mulhouse. TGV bzw. ICE verkehren von Stuttgart, Frankfurt und München nach Straßburg. Zudem gibt es eine TGV Verbindung von Zürich über Basel nach Straßburg. Autozüge verkehren zwischen Hamburg bzw. Hildesheim und Lörrach.

Deutsche Bahn, Tel. 01806/99 66 33 (dt. Festnetz 20 Cent/Anruf, dt. Mobilfunknetz max. 60 Cent/Anruf), Tel. 0800/150 70 90 (gebührenfrei, automatische Fahrplanansage), www.bahn.de

City Night Line, www.citynightline.de

Voyages-sncf.com, de.voyages-sncf.com/de. Frühzeitig buchen.

Österreichische Bundesbahn, Tel. 05/17 17, www.oebb.at

Schweizerische Bundesbahnen, Tel. 0900/30 03 00 (CHF 1.19/Min. aus dem Schweizer Festnetz), www.sbb.ch

Bus

Deutsche Touring/Eurolines, Frankfurter Str. 10–14, 65760 Eschborn, Tel. 06196/207 85 01, www.eurolines.de

Flugzeug

Regionale und internationale Flüge bietet die Air France mit ihren Tochterunternehmen an. Aber auch andere europäische Airlines bedienen die Internationalen Flughäfen im Elsass. Dies sind:

Aéroport International Strasbourg, Entzheim, Tel. 03 88 64 67 67, www.strasbourg.aeroport.fr

EuroAirport Basel Mulhouse Freiburg, 25 km südlich von Mulhouse, Tel. 07 61 12 00 31 11 (aus Deutschland), Tel. 06 13 25 31 11 (aus der Schweiz), www.euroairport.com

Air France, Deutschland, Tel. 069 29 99 37 72, www.airfrance.de; Frankreich, Tel. 36 54 (0,34 €/Min.), www.airfrance.fr; Österreich, Tel. 01/502 22 24 00; Schweiz, Tel. 08 48 74 71 00 (11 Rp./Min.)

Lufthansa, Deutschland, Tel. 069 86 79 97 99, www.lufthansa.com

Austrian Airlines, Österreich, Tel. 05 17 66 10 00 (zum Ortstarif), www.austrian.com

Swiss, Schweiz, Tel. 08 48 70 07 00, www.swiss.com

Bank, Post, Telefon

Bank

Öffnungszeiten: Mo–Fr 9–12 und 14–16 Uhr, in Großstädten teilweise 9–16.30 Uhr.

Post

Öffnungszeiten: Mo–Fr 8–19, Sa 8–12 Uhr. In kleineren Orten mit einer Mittagspause von 12 bis 14 Uhr und manchmal früherer Schließzeit. Briefmarken gibt es auch in vielen Tabakläden.

Telefon

Internationale Vorwahlen
Frankreich 00 33
Deutschland 00 49
Österreich 00 43
Schweiz 00 41

Es folgt die Vorwahl bzw. Teilnehmernummer ohne die Null.

In Frankreich sind die Telefonnummern zehnstellig und beginnen mit 0. Nur bei Gesprächen vom Ausland fällt nach der Landesvorwahl diese 0 weg.

Bei Mobiltelefonen schaltet der Provider automatisch auf ein französisches Netz um. Wer viel telefonieren möchte, sollte sich vorab über günstige Europa-Tarife informieren.

Telefonzellen gibt es in Frankreich so gut wie keine mehr, ihr Ende wurde mit der Verabschiedung des ›Loi Macron‹ im Jahr 2015 besiegelt.

Einkaufen

Öffnungszeiten: Geschäfte sind in der Regel Mo–Sa bzw. Di–Sa 9–19 Uhr geöffnet. Manche Läden haben um die Mittagszeit 12–14 Uhr geschlossen. Lebensmittelgeschäfte und Bäckereien machen früher auf. Große Supermärkte (*Centres commerciaux, Hypermarchés*) sind häufig bis 21 Uhr geöffnet. Auch zahlreiche kleine Lebensmittelläden sind noch spät abends und sogar sonntags geöffnet.

Als **Mitbringsel** bieten sich an: Elsässische *Keramik* aus Soufflenheim mit Blumenmustern auf brauner, blauer oder grüner Glasur oder Töpferwaren aus Betschdorf, die etwas schlichter gehalten sind, mit blauer Bemalung und Salzglasur. Attraktiv sind auch Erzeugnisse aus *Glas* (westliche Nordvogesen), ferner Honig aus den Vogesen und *Spezialitäten* der elsässischen Küche wie Gänseleberpastete oder Kugelhopf, ein Napfkuchen aus Hefeteig. Nicht zu vergessen natürlich der elsässische *Wein* und die vorzüglichen *Obstbrände*.

Essen und Trinken

Man hält sich im Elsass wie im restlichen Frankreich meist an feste Essenszeiten. Nach einem einfachen Frühstück wird das Mittagessen ab 12, das Abendessen ab 19 Uhr serviert. Nach 15 oder 21 Uhr wird es schwierig sein, noch etwas Essbares aufzutreiben.

In Restaurants der gehobenen Preisklassel ist es nicht üblich, nur ein Hauptge-

Essen wie Gott in Frankreich

Jede Elsass-Reise ist zugleich ein kulinarisches Fest. Dies gilt nicht nur für die ›Milchstraße‹ der Michelin-Sterne. Es gibt gerade auch in einfachen, bäuerlichen Lokalen eine häufig ganz hervorragende, landestypische, mit liebevollem Aufwand zelebrierte Küche.

Es ist allerdings zu berücksichtigen, dass die eigenartige und spezifische Mittelstellung des Elsass zwischen deutscher und französischer Kultur nicht nur unbestreitbar reizvolle Synthesen, sondern auch problematische Ergebnisse hervorgebracht hat. So waren die allerorten angepriesenen Spezialitäten **Choucroute Alsacienne** – in Riesling gekochtes Sauerkraut mit Mohrrüben, Zwiebeln, Schmalz, Speck, Würstchen und Schweinshaxe, dazu Salzkartoffeln – oder **Baeckaoffa**, ein Eintopf aus Schweine-, Hammel- und Rindfleisch mit Kartoffeln, Zwiebeln und Weißwein – deftige, sättigende Kalorienbomben, ursprünglich Festessen für hart arbeitende Bauern und Winzer. Vielerorts munden sie vorzüglich, manchmal sind sie auch schlicht langweilig. Vor allem aber empfiehlt es sich nicht, solche rustikalen Gerichte in ein elaboriertes Menü mit französischen Vor- und Nachspeisen einbinden zu wollen. Hier ist Stilgefühl gefragt, wie auch beim **Flammekueche**, einer Rahm-Zwiebel-Speck-Mischung mit Gewürzen auf dünnem Hefeteig. Es ist ein rustikaler Imbiss, den man nicht mit anderen Gerichten kombinieren sollte.

An speziellen elsässischen **Köstlichkeiten** seien hier nur die wichtigsten erwähnt: **Pâté de Foie Gras** (Gänseleberpastete, zubereitet mit Trüffeln, Kalbfleisch, Madeira und Gewürzen), **Escargots** (Weinbergschnecken mit Kräuterbutter), **Tarte aux Oignons** (Zwiebelkuchen), **Truite** (Forelle) au Bleu (blau) oder Meunière (Müllerin Art), au Riesling oder à la Crème (mit Sahnesauce), **Brochet** (Hecht), **Sandre** (Zander), **Saumon** (Lachs) und **Carpe** (Karpfen). Für Letzteren ist insbesondere der Sundgau berühmt.

Als Nachspeisen gibt es **Kugelhopf**, einen Napfkuchen aus Hefeteig mit Rosinen und Mandeln, **Tarte aux Pommes** oder **Tarte aux Myrtilles** (Apfel- bzw. Heidelbeerkuchen) oder **Soufflé au Kirsch**, einen Auflauf aus Eiern, Zucker und Kirschwasser.

richt zu essen. Wer nur eine Kleinigkeit essen will – Sandwich, Croque Monsieur, Quiche o.ä. – sollte in eine Bar oder Brasserie gehen, dort gibt es auch außerhalb der genannten Termine noch etwas gegen den Hunger. Ansonsten: Als Vorspeise empfehlen sich *Paté, Cruditées* (Rohkost) oder *Charcuterie* (Wurstaufschnitt), als Nachtisch Süßigkeiten und/oder Käse. Der typische Käse des Elsass ist der **Munster** aus dem gleichnamigen Tal [s.S.111], ein sehr aromatischer Weichkäse aus Kuhmilch mit gelb-roter, weicher Rinde. Das Mahl lässt sich abrunden mit einem kleinen, dunkel gebrannten und daher bekömmlichen Kaffee und einem Digestif, etwa einem der heimischen Obstbrände. Dass das Ganze nicht ohne **Wein** denkbar ist, versteht sich. Allerdings hat auch das Elsässer Bier einen vorzüglichen Ruf.

Die Frage »Getrennt oder zusammen?« stellt sich beim **Bezahlen** nicht! Man zahlt den Gesamtbetrag, es ist unüblich, die Rechnung aufteilen zu lassen.

Hinweis: Viele Restaurants schließen außerhalb der Saison für mehrere Wochen. Man sollte sich daher vorher telefonisch versichern, ob das ausgewählte Lokal auch geöffnet hat.

Feiertage

1.Januar *(Jour de l'An)*, Ostermontag *(Lundi de Pâques)*, 1.Mai *(Fête du Travail)*, 8.Mai *(Fête de la Libération/Kriegsende 1945)*, Christi Himmelfahrt *(Ascension)*, Pfingstmontag *(Lundi de Pentecôte)*, 14.Juli *(Fête Nationale/Nationalfeiertag: Erstürmung der Bastille 1789)*, 15.August *(Assomption/ Mariä Himmelfahrt)*, 1.November *(Toussaint/Allerheiligen)*, 11.November *(Armistice/Waffenstillstand 1918)*, 25.Dezember *(Noël)*.

Im Elsass und in Lothringen sind auch Karfreitag (*Vendredi Saint*) und der 26.Dezember (*St.Etienne*) Feiertage.

Festivals und Events

Februar

Haguenau: *Lichtmessmarkt*. Vielerorts *Fastnachtsumzüge* mit uraltem alemannischem Brauchtum (z.B. Werfen von glühenden Holzscheiten).

Februar/März

Masevaux: Passionsspiele

März

Rosheim: *Mittfastenmarkt*

April

Mulhouse: *Flohmarkt*

Straßburg: Tanz und Performances beim Festival *Extradanse* (www.pole-sud.fr)

Mai

Ungersheim: Schweinefest mit Ferkellauf

Wissembourg: Pferderennen

Molsheim und Guebwiller: Weinmarkt

Châtenois: St.-Georges-Markt

Neuf-Brisach: Maiglöckchenfest (1. Mai)

Turckheim: Rundgang mit dem Nachtwächter (Mai–Okt.)

Straßburg: *Son et lumière* (Ton- und Lichtschau) bei der Kathedrale

Straßburg: Tanz im öffentlichen Raum beim Festival *Extrapôle* (www.pole-sud.fr)

Colmar: Konzerte in der Martinskirche

Juni

Ribeauvillé: Kugelhopf-Fest

Saverne: Rosenfest

Ste-Marie-aux-Mines: Mineralienbörse (www.sainte-marie-mineral.com)

Straßburg: Johanniskirmes

Thann: Tannenverbrennung

Haguenau: Waldfest

Juli

Mutzig: *Défilé des Sans Culottes*, ein historischer Umzug

Dambach-la-Ville: Wein- und Heidelbeerfest

Andlau: Forellenfest

Kintzheim: Bergfest

August

Benfeld: *Fête du Stubbehansel* (Fest vom Stubbehansel), Geschichte und Folklore, großer Markt (von Fr–Mo am 3. August-Wochenende)

Bischwiller: *Pfifferdaj* (Tag der Spielleute)

Marlenheim: Volksfest *Hochzeit des Ami Fritz* (Wochenende nach dem 15. Aug.) mit Hochzeitsumzug, Konzerten und großem Feuerwerk

Kaysersberg: Bergfest

Mulhouse: *Météo Mulhouse Music Festival* (www.festival-meteo.fr), Musik aller

Stilrichtungen: klassisch, zeitgenössisch, experimentell

Niederbronn: Pferdefest

Sélestat: Blumenkorso

Rosheim: Käsefest

Éguisheim: Storchenfest, Winzerfest

Colmar: *Foire aux Vins* (www.foire-colmar.com), Weinmesse mit Sommerfest

Haguenau: *Fête du Houblon* (Hopfenfest, Ende Aug.)

Soultz: Konzerte in St-Maurice

Gueberschwihr: Freundschaftsfest (Tore und Weinkeller geöffnet am letzten Wochenende)

Holtzwihr: *Fête de la Choucroute*

Wissembourg: *Festival International de Musique de Wissembourg* (www.wissembourg-festival.com)

September

Ribeauvillé: *Pfifferdaj* (Stadtpfeiferfest, riesiges buntes Mittelalterfest am 1. So)

Colmar: Sauerkrautfest

Soufflenheim: Internationaler Töpfermarkt

Turckheim: Traditionsreiches Auto-Bergrennen, seit 1956 (1. Wochenende)

Molsheim: *Festival Bugatti*, internationales Treffen von Bugatti-Fans

Rosheim: *Nativitätsfest* (Mariae Geburt) mit Prozession

Straßburg: *Europamesse* (www.foirebeurop.com)

Saint Hippolyte: Weinfest des neuen Weins am letzten Wochenende

Oktober

Obernai: Herbstfest

November

Niederhaslach: Florentius-Wallfahrt

Dezember

Vielerorts finden weihnachtliche Konzerte, Nikolausumzüge und Weihnachtsmärkte statt, besonders stimmungsvoll in **Colmar** und **Straßburg**.

Klima und Reisezeit

Die Oberrheinebene ist eines der klimatisch besonders begünstigten Gebiete in Mitteleuropa. Allerdings ist der Klimaunterschied beträchtlich zwischen der Ebene und ihren Vorbergen einerseits und den Vogesenhöhen andererseits. In der Ebene und an den östlichen Hängen sind **Frühling** und **Frühsommer** sehr angenehme Reisezeiten. Überaus reizvoll ist die Baumblüte an der Weinstraße.

Der **Herbst** hat mit seinem goldenen Licht, der Laubfärbung und der Weinlese, seinen speziellen Reiz. Auf den Vogesenhöhen ist der Aufenthalt auch im **Hochsommer** angenehm.

Klimadaten Straßburg

Monat	Luft (°C) min./max.	Sonnen-std./Tag	Regen-tage
Januar	-2/ 3	2	15
Februar	-2/ 5	3	13
März	1/11	5	12
April	5/15	6	13
Mai	8/20	7	13
Juni	12/23	7	14
Juli	14/25	8	14
August	13/25	7	13
September	10/21	6	12
Oktober	6/15	4	12
November	2/ 8	2	13
Dezember	-1/ 4	2	14

Museen und Kirchen

In der Regel gilt, dass die *Kirchen* außer zu den Gottesdienstzeiten jeden Tag durchgängig zu besichtigen sind.

Museen haben oft Mo oder Di und an Feiertagen geschlossen. Viele Kirchen und manche Museen sind häufig auch während der Wintermonate geschlossen, während der Hauptsaison jedoch länger geöffnet. Es empfiehlt sich, zuvor Erkundigungen einzuziehen.

Nachtleben

Insbesondere die großen Städte bieten umfangreichere Vergnügungsangebote, v. a. Straßburg (www.strascity.com).

Sport

Das Elsass bietet Gelegenheit zu Sport und Freizeitspaß. Informationen zu nicht alltäglichen Sportarten wie Ballonfahren, Klettern, Drachen- und Gleitschirmfliegen erteilen die *Offices de Tourisme* [s.S.129f., sowie Praktische Hinweise].

Fahrradfahren

Viele der ausgewiesenen Wanderwege sind auch gut für Radfahrer geeignet. Immer häufiger kann man sich in Hotels vor Ort ein Fahrrad oder auch E-Bike mieten. Vielerorts werden *Radtouren* mit und ohne begleitenden Gepäckwagen angeboten, etwa Mountainbike-Trips durch den Naturpark *Ballons des Vosges*. Infos:

Cimes & Sentiers Randonnée, Accompagnateurs en Montagne, Col de la Schlucht, Tel. 06 74 32 12 59, www.sentiersrando.com

Golf

Hervorragende, schön gelegene **Golfplätze** findet man z.B. nahe Straßburg in Illkirch-Graffenstaden (Tel. 03 88 66 17 22, www.golf-strasbourg.com), in Wantzenau (Tel. 03 88 96 37 73, www.golf-wantzenau.fr), in Rouffach (Tel. 03 89 78 52 12, www.alsacegolflinks.com), bei Ammerschwihr (Tel. 03 89 47 17 30, www.golf-ammerschwihr.com), Mulhouse (Chalampé, Tel. 03 89 83 28 32, www.golfdurhin.com) und bei Wittelsheim (Tel. 03 89 55 55 07, www.golf-bouleaux.fr). Infos:

Fédération Française de Golf, 68, rue Anatole France, Levallois-Perret, Tel. 01 41 49 77 00, www.ffgolf.org

Reiten

Das Elsass verfügt über ein attraktives Netz von Reitwanderwegen, welche durch die Berge, Wälder und Weinanbaugebiete führen. Die *Fédération Française d'Equitation* bietet zahlreiche Unterkünfte an den Strecken, darunter Reitclubs, Bauernhöfe und Reiterhöfe. Infos:

Comité Régional de Tourisme Equestre d'Alsace, 6, Route d'Ingersheim, Colmar, Tel. 03 89 24 43 18, www.chevalsace.com

Wandern

Es gibt im Elsass über 16 000 km meist gut markierte Pfade und hervorragende *Wanderrouten*. Der *Vogesenhauptwanderweg* ist etwa 400 km lang und führt – als Teilstrecke des Internationalen Europäischen Fernwanderwegs Nr. 2 von den Niederlanden zum Mittelmeer – von Wissembourg quer durch die waldigen Berge bis nach Thann und Masevaux. Dieser und andere Wanderwege ziehen sich größtenteils durch die beiden regionalen Naturparks *Parc naturel régional des Vosges du Nord* und *Parc naturel régional des Ballons des Vosges*, die mit zahlreichen landschaftlichen, aber auch botanischen und zoologischen Besonderheiten aufwarten. *Wanderkarten* bietet z.B. der *Club Vosgien* (Tel. 03 88 32 57 96, www.club-vosgien.com).

Im ADAC Verlag ist der Wanderführer *Elsass* erschienen, der 40 Touren in allen Schwierigkeitsgraden versammelt und Karten mit Wanderrouten, Höhenprofilen sowie Einkehrtipps bietet.

Wintersport

Die höheren Lagen der Vogesen, z.B. um den **Gazon du Faing** und den **Champ du Feu** bieten gut erschlossene Wintersportmöglichkeiten.

Statistik

Lage: Als Elsass (frz. *Alsace*) wird die Landschaft zwischen dem Oberrhein – auf der Strecke zwischen Basel und Karlsruhe, wo er zugleich Staatsgrenze ist – und dem Vogesenhauptkamm bezeichnet. Im Norden wird das Elsass durch die Lauter, im Süden durch die Burgundische Pforte begrenzt.

Verwaltung: Seit der Gebietsreform 2016 bildet das Elsass zusammen mit Lothringen und Champagne-Ardenne die politische Region *Grand Est*. Verwaltungssitz dieser Großregion ist Strasbourg.

Unterteilt ist das Elsass in die *Départements Haut-Rhin* (südlich, Verwaltungszentrum ist Colmar) und *Bas-Rhin* (nördlich, Verwaltungszentrum ist Strasbourg). Die Grenze verläuft südlich von Sélestat. Das Gebiet umfasst 8310 km^2 (Département Haut-Rhin 3523 km^2, Bas-Rhin 4787 km^2).

Bevölkerung: Im Elsass leben rund 1,8 Mio. Menschen, 709 000 davon im *Département Haut-Rhin*. Das kleinere *Département Bas-Rhin* ist dichter besiedelt, vor allem wegen des Ballungszentrums Strasbourg beträgt hier die Bevölkerungszahl gut 1 Mio. Bewohner. Im Gegensatz zum ansonsten vorwiegend katholischen Frankreich ist der Anteil der Protestanten, historisch bedingt, im Elsass vergleichsweise hoch. Auch gibt es bis heute eine beachtliche jüdische Religionsgruppe.

Wirtschaft: Nach dem Bruttoinlandsprodukt (BIP) steht das Elsass wirtschaftlich an zweiter Stelle in Frankreich. Ein bedeutender Wirtschaftsfaktor der Region ist heute der Tourismus. In der fruchtbaren Rheinebene dominiert zugleich die Landwirtschaft (Weizen, Kartoffeln, Mais, Sonnenblumen, auch Tabak, Hopfen und Zuckerrüben, Weißkohl und Spargel). Am Fuße der Vogesen-Ostflanke zwischen Straßburg und Mulhouse wird Wein angebaut. Die Rebfläche von 14 500 ha ergibt jährlich etwa 1,2 Mio. hl Wein, davon 95 % Weißwein. Bei Straßburg konzentrieren sich zudem die wichtigsten Brauereien Frankreichs. In den Nordvogesen hat sich eine ertragreiche Forstwirtschaft und Holzindustrie entwickelt, auf den Hochflächen des Südens (*Chaumes*) hingegen dominiert Milch- und Weidewirtschaft. Industrie, vor allem Automobilbau, gibt es hauptsächlich im mittleren Elsass. Hinzu kommen Chemie- und Erdölbetriebe und Biotechnologie. Die Energiegewinnung aus Wasserkraft (Rheinseitenkanal) spielt ebenso eine wichtige Rolle.

Unterkunft

Camping

Über das vielfältige Angebot an Campingplätzen im Elsass informiert ein bei den Tourismusbüros erhältliches Verzeichnis. Auskünfte über geprüfte Plätze geben die jährlich aktualisierten und im Buchhandel, Internet oder auch als App erhältlichen **ADAC Campingführer** und **ADAC Stellplatzführer** (www.adac.de/camping).

Hotels und Pensionen

Im Haupttext sind bei den jeweiligen Orten unter *Praktische Hinweise* empfehlenswerte Hotels vermerkt, meist in gehobener Preisklasse. Es empfiehlt sich, zusätzlich über die Tourismusbüros die aktualisierten Prospekte der Hotels zu besorgen. Auf gut Glück eine Unterkunft zu finden, ist möglich, kann aber in der Saison schwierig werden. Günstige und oft sehr originelle Übernachtungsmöglichkeiten bietet z. B. *Gîtes de France* (www.gites-de-france-alsace.com):

Gîtes de France Haut-Rhin, Maison du Tourisme, 1, rue Schlumberger, Colmar, Tel. 03 89 30 35 30

Gîtes de France Bas-Rhin, 4, rue Bartisch, Straßburg, Tel 03 88 75 56 50

Jugendherbergen

Fédération Unie des Auberges de Jeunesse, 27, rue Pajol, 75018 Paris, Tel. 01 44 89 87 27, www.fuaj.org

Deutsches Jugendherbergswerk, Bismarckstr. 8, 32756 Detmold, Tel. 052 31/740 10, www.jugendherberge.de

Ebenfalls sehr preisgünstig sind die **Gîtes d'Etapes** (www.gite-etape.com), eher einfache Wandererunterkünfte.

Verkehrsmittel im Land

Bahn und Bus

Von den Bahnhöfen der größeren Städte zweigen zahlreiche Regionalverbindungen ab, die durch die malerischen Vogesentäler führen. An größeren Bahnhöfen stehen Mietwagen bereit (*Train + Auto*).

SNCF, Tel. 36 35 (0,34 €/Min.), www.sncf.com

TER Alsace, Tel. 08 00 77 98 67, www.ter-sncf.com, Regionalbahn und Bus.

Der öffentliche Nahverkehr im Elsass ist ebenfalls gut ausgebaut. Es gibt Busverbindungen beinahe überallhin, Informationen geben die Tourismusbüros.

Hausboot

Der Urlaub an Bord eines *Hausbootes* auf dem dicht geknüpften französischen Kanalnetz erfreut sich großer Beliebtheit. Schließlich ist es eine sehr entspannende, bequeme und bei mehreren zahlenden Personen auch nicht zu teure Urlaubsvariante. Zudem benötigt man keine besonderen Vorkenntnisse. Im Elsass bieten sich Rhein-Marne-Kanal und Rhein-Rhône-Kanal für landschaftlich reizvolle Unternehmungen an. Verleihstationen gibt es in Saverne. Anschriften vermittelt z.B. die Französische Tourismusinformation *Atout France* [s. S. 129].

Fahrrad

In fast allen Zügen können Fahrräder mitgenommen werden. Vielerorts, auch an manchen Bahnhöfen (*Train + Velo*), gibt es die Möglichkeit, Fahrräder auszuleihen, ein in der Ebene oder im Bereich der Weinstraße sehr geeignetes Mittel, die Gegend zu erkunden. Auskunft geben die Tourismusbüros.

Mietwagen

Für Mitglieder bietet die **ADAC Autovermietung** günstige Konditionen an. Buchungen über www.adac.de/autovermietung, die ADAC Geschäftsstellen oder unter Tel. 089/76 76 20 99.

Sprachführer

Französisch für die Reise

Das Wichtigste in Kürze

Ja/Nein	*Oui/Non*
Bitte/Danke	*S'il vous plaît/Merci*
In Ordnung./Einverstanden.	*Très bien./D'accord.*
Entschuldigung!	*Pardon!/Excuse(z)-moi!*
Wie bitte?	*Comment?/Vous dites?*
Ich verstehe Sie nicht.	*Je ne vous comprends pas.*
Ich spreche nur wenig Französisch.	*Je ne parle que peu le français.*
Können Sie mir bitte helfen?	*Pourriez-vous m'aider, s'il vous plaît?*
Das gefällt mir (nicht).	*Cela (ne) me plaît (pas).*
Ich möchte ...	*Je voudrais ...*
Haben Sie ...?	*Avez-vous ...?*
Gibt es ...?	*Y a-t-il ...?*
Wie viel kostet das?	*Cela coûte combien?*
Kann ich mit Kreditkarte bezahlen?	*Puis-je régler avec une carte de crédit?*
Wie viel Uhr ist es?	*Quelle heure est-il?*
Guten Morgen!/Guten Tag!	*Bonjour!*
Guten Abend!	*Bonsoir!*
Gute Nacht!	*Bonne nuit!*
Hallo!/Tschüs!	*Salut!*
Mein Name ist ...	*Je m'appelle ...*
Wie ist Ihr Name, bitte?	*Quel est votre nom, s'il vous plaît?*
Wie geht es Ihnen?	*Comment allez-vous?*
Auf Wiedersehen!	*Au revoir!*
Bis bald!	*À bientôt!*
Bis morgen!	*À demain!*
gestern/heute/morgen	*hier/aujourd'hui/demain*
am Vormittag/am Nachmittag	*le matin/l'après-midi*
am Abend/in der Nacht	*le soir/la nuit*
um 1 Uhr/2 Uhr ...	*à une heure/à deux heures ...*
um Viertel vor/nach ...	*à ... moins le quart/et quart*
um ... Uhr 30	*à ... heure(s) trente*
Minute(n)/Stunde(n)	*minute(s)/heure(s)*
Tag(e)/Woche(n)	*jour(s)/semaine(s)*
Monat(e)/Jahr(e)	*mois/an(s)/année(s)*

Zahlen

0	*zéro*	19	*dix-neuf*
1	*un*	20	*vingt*
2	*deux*	21	*vingt-et-un*
3	*trois*	22	*vingt-deux*
4	*quatre*	30	*trente*
5	*cinq*	40	*quarante*
6	*six*	50	*cinquante*
7	*sept*	60	*soixante*
8	*huit*	70	*soixante-dix*
9	*neuf*	80	*quatre-vingt*
10	*dix*	90	*quatre-vingt-dix*
11	*onze*	100	*cent*
12	*douze*	200	*deux cents*
13	*treize*	1000	*mille*
14	*quatorze*	2000	*deux mille*
15	*quinze*	10 000	*dix mille*
16	*seize*	1 000 000	*un million*
17	*dix-sept*	½	*un demi*
18	*dix-huit*	¼	*un quart*

Wochentage

Montag	*lundi*
Dienstag	*mardi*
Mittwoch	*mercredi*
Donnerstag	*jeudi*
Freitag	*vendredi*
Samstag	*samedi*
Sonntag	*dimanche*

Monate

Januar	*janvier*
Februar	*février*
März	*mars*
April	*avril*
Mai	*mai*
Juni	*juin*
Juli	*juillet*
August	*août*
September	*septembre*
Oktober	*octobre*
November	*novembre*
Dezember	*décembre*

Maße

Kilometer	*kilomètre*
Meter	*mètre*
Zentimeter	*centimètre*
Kilogramm	*kilogramme*
Pfund	*livre*
Gramm	*gramme*
Liter	*litre*

Unterwegs

Nord/Süd/West/Ost	*nord/sud/ouest/est*
oben/unten	*en haut/dessous*
geöffnet/geschlossen	*ouvert/fermé*
geradeaus/links/ rechts/zurück	*tout droit/gauche/ droite/ en arrière*
nah/weit	*proche/loin*
Wie weit ist das?	*A quelle distance d'ici se trouve-t-il?*
Wo sind die Toiletten?	*Où sont les toilettes?*
Wo ist die (der) nächste ...	*Où se trouve ...*
Telefonzelle/	*la cabine téléphonique/*
Bank/	*la banque/*
Post/	*le bureau de poste/*
Polizei/	*le poste de police/*
Geldautomat?	*le distributeur de billets la/le plus proche?*
Wo ist ...	*Où se trouve ...*
der Bahnhof/	*la gare/*
die U-Bahn/	*le métro/*
der Flughafen?	*l'aéroport?*
Wo finde ich ...	*Où se trouve ...*
eine Bäckerei/	*une boulangerie/*
ein Fotogeschäft/	*un magasin photographiques/*
ein Kaufhaus/	*un grand magasin/*
ein Lebensmittelgeschäft/	*une épicerie/*
einen Markt?	*un marché?*
Ist das der Weg/ die Straße nach ...?	*Est-ce que c'est le chemin/ la route/ la rue pour ...?*
Gibt es einen anderen Weg?	*Y a-t-il un autre chemin?*
Ich möchte mit dem Zug/Schiff/ Fähre/Flugzeug nach ... fahren.	*Je voudrais prendre le train/le bateau/ le ferry-boat/l'avion pour ...*
Ist der Preis für Hin- und Rückfahrt?	*Est-ce que c'est le prix aller-retour?*
Wie lange gilt das Ticket?	*Pour combien de temps le ticket sera valide?*
Wo ist das Fremdenverkehrsamt/ Reisebüro?	*Où se trouve l'office de Tourisme/ l'agence de voyages?*
Ich benötige eine Hotelunterkunft.	*J'ai besoin d'un hôtel.*
Wo kann ich mein Gepäck lassen?	*Où puis-je laisser mes bagages?*
Ich habe meinen Koffer verloren.	*J'ai perdu ma valise.*
Ich möchte eine Anzeige erstatten.	*Je voudrais déposer une plainte.*
Man hat mir ...	*On m'a volé ...*
Geld/	*de l'argent/*
meine Tasche /	*mon sac/*
meine Papiere/	*mes papiers/*
die Schlüssel/	*les clés/*
meinen Fotoapparat/	*mon appareil photo/*
meinen Koffer/	*ma valise/*
mein Fahrrad gestohlen.	*ma bicyclette.*

Hinweise zur Aussprache

ai	wie ›ä‹, Bsp.: l**ai**t
au	wie ›o‹, Bsp.: **au**to, g**au**che
eu	wie ›ö‹, Bsp.: p**eu**, d**eu**x
ou	wie ›u‹, Bsp.: r**ou**ge
ue	wie ›ü‹, Bsp.: r**ue**, aven**ue**
c	vor ›e‹ und ›i‹ wie ›s‹, Bsp.: **c**e, **c**ide
c	vor ›a‹ und ›o‹ wie ›k‹, Bsp.: **c**abinet, **c**ompagnie
ch	wie ›sch‹ Bsp.: **ch**ips
h	am Wortanfang ist immer stumm, Bsp.: **h**ommage
g	vor ›e‹ und ›i‹ wie ›dsch‹, Bsp.: **g**entille, **g**ilet
gn	wie ›nj‹, Bsp.: co**gn**ac, a**gn**eau
p, s, t	sind am Wortende meist stumm, Bsp.: tro**p**, trè**s**, mo**t**
-tion	bei dieser Silbe ›t‹ wie ›s‹, Bsp.: na**tion**
q, qu	wie ›k‹, Bsp.: co**q**, **qu**i
v	wie ›w‹, Bsp.: **v**ie
z	wie ›s‹, Bsp.: **z**éro

Freizeit

Ich möchte ein ...	*Je voudrais louer ...*
Fahrrad/	*une bicyclette/*
Motorrad/	*une moto/*
Surfbrett/	*une planche à voile/*
Mountainbike/ Boot/	*un v.t.t./un bateau/*
Pferd mieten.	*un cheval.*
Gibt es ein(en)	*Y a-t-il ...*
Freizeitpark/	*un parc d'attractions/*
Freibad/	*une piscine/*
Golfplatz/	*un terrain de golf/*
Strand in der Nähe?	*une plage près d'ici?*
Wann hat ... geöffnet?	*Quelles sont les horaires d'ouverture ...?*

Bank, Post, Telefon

Brauchen Sie meinen Ausweis?	*Avez-vous besoin de ma carte d'identité?*
Wo soll ich unterschreiben?	*Où dois-je signer?*

Ich möchte eine Telefonverbindung nach ...	*Je voudrais une communication avec ...*
Wie lautet die Vorwahl für ...?	*Quel est le préfixe pour ...?*
Wo gibt es ... Münzen für den Fernsprecher/ Telefonkarten/ Briefmarken?	*Où peut-on trouver ... des jetons/ des cartes téléphoniques/ des timbres?*

Tankstelle

Wo ist die nächste Tankstelle?	*Où est-ce que se trouve la station d'essence la plus proche?*
Ich möchte ... Liter ... Super/ Diesel bleifrei/ mit ... Oktan.	*Je voudrais ... litres ... de super/ de gasoil sans plomb/ à ... octane.*
Volltanken, bitte.	*Faites le plein, s'il vous plaît.*
Prüfen Sie bitte ...	*Vérifiez s'il vous plaît, ...*
den Reifendruck/	*la pression de gonflage/*
den Ölstand/	*le niveau d'huile/*
den Wasserstand/	*le niveau d'eau/*
das Wasser für die Scheibenwischanlage/	*l'eau pour le système essuieglaces/*
die Batterie.	*la batterie.*
Würden Sie bitte ...	*Pourriez-vous s'il vous plaît ...*
den Ölwechsel vornehmen/	*faire la vidange d'huile/*
den Radwechsel vornehmen/	*effectuer le changement de roue(s)/*
die Sicherung austauschen/	*échanger le fusible/*
die Zündkerzen erneuern/	*échanger les bougies/*
die Zündung nachstellen?	*régler l'allumage?*

Panne

Ich habe eine Panne.	*Je suis en panne.*
Der Motor startet nicht.	*Le moteur ne démarre pas.*
Ich habe die Schlüssel im Wagen gelassen.	*J'ai laissé les clés dans la voiture.*
Ich habe kein Benzin/Diesel.	*Je n'ai plus d'essence/de diesel.*
Gibt es hier in der Nähe eine Werkstatt?	*Est-ce qu'il y a un garage près d'ici?*
Können Sie mein Auto abschleppen?	*Pourriez-vous remorquer ma voiture?*
Können Sie mir einen Abschleppwagen schicken?	*Est-ce que vous pouvez m'envoyer une dépanneuse?*
Können Sie den Wagen reparieren?	*Pouvez-vous réparer la voiture?*
Wann wird er fertig sein?	*Quand sera-t-elle prête?*

Mietwagen

Ich möchte ein Auto mieten.	*Je voudrais louer une voiture.*
Was kostet die Miete ...	*Combien coûte la location ...*
pro Tag/	*par jour/*
pro Woche/	*par semaine/*
mit unbegrenzter km-Zahl/	*avec kilométrage illimité/*
mit Kaskoversicherung/	*avec assurance tous risques/*
mit Kaution?	*avec la caution?*
Wo kann ich den Wagen zurückgeben?	*Où puis-je rendre le véhicule?*

Unfall

Hilfe!	*Au secours!*
Achtung!/Vorsicht!	*Attention!*
Bitte rufen Sie schnell ...	*S'il vous plaît, appelez vite ...*
einen Krankenwagen/	*une ambulance/*
die Polizei/	*la police/*
die Feuerwehr.	*les sapeurs-pompiers.*
Es ist (nicht) meine Schuld.	*C'est (Ce n'est pas) de ma faute.*
Geben Sie mir bitte Ihren Namen und Ihre Adresse.	*Veuillez me donner votre nom et adresse, s'il vous plaît.*
Ich brauche die Angaben zu Ihrer Autoversicherung.	*J'aurais besoin des données de votre assurance automobile.*

Krankheit

Können Sie mir einen guten Deutsch sprechenden Arzt/ Zahnarzt empfehlen?	*Pourriez-vous me conseiller un bon médecin/ dentiste qui parle allemand?*
Wann hat er Sprechstunde?	*Quelles sont ses heures de consultation?*
Wo ist die nächste Apotheke?	*Où est-ce que se trouve la pharmacie la plus proche?*
Ich brauche ein Mittel gegen ...	*J'aurais besoin d'un médicament contre ...*
Durchfall/	*la diarrhée/*
Fieber/	*la fièvre/*

Insektenstiche/ Verstopfung/ Zahnschmerzen.	*les piqûres d'insecte/ la constipation/ le mal de dents.*

Hotel

Ich habe bei Ihnen ein Zimmer reserviert.	*J'ai réservé une chambre chez vous.*
Haben Sie ein …	*Auriez-vous …*
Einzel-/ Doppelzimmer …	*une chambre à un lit/une chambre à deux lits…*
mit Dusche/ mit Bad/WC?	*avec douche/ avec salle de bains/WC?*
für eine Nacht/ für eine Woche?	*pour une nuit/ pour une semaine/*
mit Blick aufs Meer?	*avec vue sur la mer?*
Was kostet das Zimmer …	*Combien coûte la chambre …*
mit Frühstück/ mit Halbpension/ mit Vollpension?	*avec petit-déjeuner/ avec demi-pension/ avec pension complète?*
Wie lange gibt es Frühstück?	*Jusqu'à quelle heure peut-on prendre le petit-déjeuner?*
Ich möchte um … Uhr geweckt werden.	*Je voudrais qu'on me réveille à … heure(s).*
Ich reise heute Abend/ morgen früh ab.	*Je pars ce soir/ demain matin.*
Haben Sie ein Faxgerät/ Hotelsafe?	*Avez-vous un fax/ un coffre-fort?*
Haben Sie Internetzugang?	*Disposez-vous d'un accès internet?*

Restaurant

Wo gibt es ein gutes/günstiges Restaurant?	*Pourriez-vous m'indiquer un bon restaurant/un restaurant pas trop cher?*
Die Speisekarte/ Getränkekarte, bitte.	*Je voudrais la carte/ la carte des boissons, s'il vous plaît.*
Ich möchte das Tagesgericht/Menü (zu…)	*Je voudrais le plat du jour/le menu (à …).*
Welches Gericht können Sie besonders empfehlen?	*Quel plat pourriez-vous recommander particulièrement?*
Ich möchte nur eine Kleinigkeit essen.	*Je voudrais manger qu'un petit quelque chose.*
Haben Sie vegetarische Gerichte?	*Avez-vous des plats végétariens?*
Können Sie mir bitte …	*Pourriez-vous m'apporter …*
ein Messer/ eine Gabel/ einen Löffel bringen?	*un couteau/ une fourchette/ une cuillère, s'il vous plaît?*
Die Rechnung bitte!	*L'addition, s'il vous plaît!*

Essen und Trinken

Apfel	*pomme*
Artischocke	*artichaut*
Austern	*huîtres*
Bier	*bière*
Brot/Brötchen	*pain/petit pain*
Butter	*beurre*
Ei	*œuf*
Eiscreme	*glace*
Erdbeeren	*fraises*
Essig	*vinaigre*
Fisch	*poisson*
Flasche	*bouteille*
Fleisch	*viande*
Fruchtsaft	*jus de fruits*
Gemüse	*légume*
Glas	*verre*
Hammelfleisch	*mouton*
Himbeeren	*framboises*
Hummer	*homard*
Joghurt	*yaourt*
Kaffee mit Milch	*café au lait*
Kaffee, schwarzer	*café noir*
Kalbfleisch	*veau*
Kartoffeln	*pommes de terre*
Käse	*fromage*
Krabben, Garnelen	*crevettes*
Kuchen	*gâteau*
Lammfleisch	*agneau*
Leber	*foie*
Leberpastete	*pâté de foie*
Meeresfrüchte	*fruits de mer*
Milch	*lait*
Mineralwasser (mit/ohne Kohlensäure)	*l'eau minérale (gazeuse/ non gazeuse)*
Obst	*fruits*
Öl	*huile*
Pfeffer	*poivre*
Pfirsiche	*pêches*
Reis	*riz*
Rindfleisch	*bœuf*
Salz	*sel*
Schinken	*jambon*
Schweinefleisch	*porc*
Spinat	*épinards*
Suppe	*soupe*
Wein (Weiß/Rot/ Rosé)	*vin (blanc/rouge/ rosé)*
Zwiebeln	*oignons*

ADAC
ADAC
Stellplatzführer
Deutschland
Europa
Über 5750 Stellplätze von ADAC Experten geprüft
ADAC
ADAC CampCard
Satte Rabatte auf Europas Camping- und Stellplätzen
PLUS
ADAC CampCard
IM WERT VON
10,-€

Register

Impressum

Herausgeber: TRAVEL HOUSE MEDIA GmbH, München
Redaktionsleitung: Benjamin Happel
Autor: Hans Gercke
Verlagsredaktion: Gernot Schnedlitz, Katja Tegler, Nora Köpp
Lektorat: Intermag Publishing GmbH, München
Bildredaktion: Travel House Media, Intermag Publishing
Satz: Intermag Publishing
Karten (Umschlag): ADAC e.V., München
Karten (Innenteil): Mohrbach Kreative Kartographie, München
Herstellung: Mendy Willerich
Druck: Drukarnia Dimograf Sp z o.o. (Polen)

Ansprechpartner für den Anzeigenverkauf:
KV Kommunalverlag GmbH & Co. KG,
MediaCenter München, Tel. 089/92 80 96 44

ISBN 978-3-95689-174-8

2., unveränderte Nachauflage 2017

Bei Interesse an maßgeschneiderten Verlagsprodukten:
veronica.reisenegger@travel-house-media.de

TRAVEL HOUSE MEDIA

Ein Unternehmen der
GANSKE VERLAGSGRUPPE

Bildnachweis

Titel: Die Grand' Rue unterhalb der Ulrichsburg in Ribeauvillé
Foto: **Interfoto** (Delimont/Jannsen)

Rücktitel: links: **Shutterstock** (PHB.cz/Richard Semik); rechts: **Glow Images** (Streit Erwin)

Alimdi.net: 107 – **ddp images:** 31.2, 40, 114 (Joachim Opelka), 124.1 – **dpa Picture-Alliance:** 55 (Andreas Lechtape) – **F1online:** 78 (Age), 95.2 (Age/Walter Bibikow) – **Food Centrale Hamburg:** 111 (Kramp & Gölling) – **Fotolia:** 28 (Tobago 77), 84 (ISO-68), 105 (Andreas Edelmann) – **Ralf Freyer:** 39, 112, 124.2 – **Getty Images:** 2.3 (Wh.), 67 (Jonathan Kitchen), 89 (Photononstop RM) – **Bildagentur Huber:** 2.2 (Wh.), 2.4 (Wh.), 3.1 (Wh.), 8.3, 68.2, 103 (Lubenow), 6/7 (Mehlig), 37 (Erich Spiegelhalter), 70 (Giovanni) – **Imago:** 23 (Markus Kirchgessner), 38 (mm images/Keute) – **laif:** 3.2 (Wh.), 73.2, 77 (Markus Kirchgessner), 4.1 (Wh.), 8.2 (Etienne Sipp), 21.2, 32, 50, 51, 59, 60, 69, 72, 75.2, 79, 81.1, 82.2, 83, 85, 90.1, 91, 95.1, 96, 106, 118, 127, 132 (Kirchner), 31.1 (Rea/Frederic Maigrot), 88.1, 93 (Le Figaro Magazine/Thomas Goisque), 98 (Reporters), 110, 115 (hemis.fr/Rene Mattes), 121 (Hoa-Qui/Michel Peres) – **La Volerie des Aigles/Kintzheim:** 88.2 – **Holger Leue:** 41, 57.2 – **Look:** 9.1 (Daniel Schoenen), 10, 58 (Photononstop), 42 (NN), 57.1 (Heinz Wohner) – **Masterfile:** 123 (Jon Arnold Images) – **Mauritius images:** 3.4 (Wh.), 45, 82.1 (Alamy), 8.1, 87.2 (Wh.) (Photononstop) – **Musées de la Ville de Strasbourg:** 61 (Frantisek Zvardon), 64, 65.1 (Mathieu Bertola) – **Werner Neumeister:** 76 – **Only France:** 87.1 (Isenmann-Francedias) – **Werner Richner:** 101.1 – **Franz Roth:** 48 – **Daniel Schoenen:** 2.1 (Wh.), 6, 7 (Wh.), 9.2, 11.2, 11.3 (Wh.), 53, 63, 68.1, 69, 99, 109 – **Schapowalow:** 16/17 (SIME/Riccardo Spila) – **Seasons.Agency:** 108 (Jalag/Anna Mutter) – **Shutterstock:** 74 (Claudio Giovanni Colombo), 90 (I. Grasbergs) – **Steffens:** 4.3 (Wh.), 19, 20, 46.1, 46.2, 47, 49, 66, 75.1, 80, 81.2, 97, 101.2, 117, 119, 126 (Ralph Rainer Steffens) – **Süddeutscher Verlag Bilderdienst:** 12, 13, 14.1, 14.2, 15.1, 15.2, 15.3, 100 – **Visum:** 27 (Andia) – **Hanna Wagner:** 3.3 (Wh.), 4.2 (Wh.), 24, 25, 33, 34.1, 34.2 – **Ernst Wrba:** 21.1 – **Your Photo Today:** 11.1, 65.2, 113 (Wh.)

ADAC Reiseführer plus
BERLIN
Potsdam mit Sanssouci
Museen • Architektur • Märkte • Plätze • Parks
Aussichtspunkte • Nachtleben • Hotels • Restaurants
ADAC Maxi-Faltkarte
BERLIN
Maßstab 1:20 000
DRESDEN
HAMBURG
LONDON
PARIS
ROM
WIEN
Mit Maxi-Faltkarte!
Doppelt praktisch – einfach clever!
ALGARVE
BRETAGNE
CÔTE D'AZUR
GARDASEE
LANZAROTE
USEDOM
ADAC Reiseführer plus
MALLORCA
Strände • Städte • Dörfer • Shopping • Ausflüge
Museen • Nachtleben • Hotels • Restaurants
plus: ADAC Maxi-Faltkarte für unterwegs!
Jetzt mit Kofferanhänger für die Reise!